JN139408

地域をコーディネートする
社会教育

——新社会教育計画——

浅井経子／合田隆史／原義彦／山本恒夫 編著

理　想　社

はしがき

人口減少、少子高齢化等が進んでおり、地域社会は存続をかけた課題に直面している。一方で、情報化や多様な組織が関わるネットワーク化が進行し、社会はますます複雑な様相を示すようになってきている。そのような中にあって、人々の生涯学習の支援を通して、人々の紐帯を強め、地域人材を育成したり地域づくりに寄与したりする社会教育の役割が改めて問われている。社会教育主事養成に関わる「社会教育計画」の科目にあっても、基礎基本に立脚しながらも、新たな課題の観点から社会教育計画の方向を示唆するテキストが求められている。

そのような要望に応えるべく、このたび、社会教育計画の基礎的知識・技術はもとより、学校、家庭、地域の連携協力、学習成果の活用支援、自己点検・評価と説明責任等の課題、さらには社会教育行政の在り方として中教審生涯学習分科会等で提起されたネットワーク型行政等をも視野に入れた、新しいテキストを作成することにした。

本書の企画・編集にあたっては、多くの大学の授業等でご利用いただくだけではなく、さらに、社会教育行政に関わる方々や社会教育の実践に関わる方々にも折に触れて使っていただけるように、社会教育行政の在り方、社会教育行政の新たな方向、計画づくりに役立つアイディアやヒント等をできるだけ提供できるように努めた。広く社会教育に関わる方々にご活用いただければ幸いである。

本書の構成について簡単に述べると、序では今後の方向を探りながら、斯界の共通的な問題に言及し、第１章で社会教育行政に関わる法的位置付けや基本的な考え方、さらには社会教育行政が取り組むべき課題等について論じた。第２章では地域社会が直面している課題を解説しながら、それに対応する社会教育計画づくりのアイディア等を盛り込んだ。第３章から第９章は社会教育主事をはじめ社会教育関係者が身に付けておきたい社会教育計画立案の基礎的知識や技術を概説するとともに、計画と評価、参加型学習やサービス・ラーニングの支援、社会教育施設におけるボランティアや民間活力の導入等についての最新の情報や知識を提供した。

最後になってしまったが、本書の刊行をこころよくお引き受けいただき、編集や校正作業等で大変なご迷惑をおかけしたにもかかわらず地道にサポートしていただいた株式会社理想社代表取締の宮本純男氏には心から御礼申し上げたい。

平成27年３月　浅井経子

目　　次

序

よく、社会教育は分かりにくいと言われる。それは、社会教育が絶えず変化する時代や社会の課題に取り組む柔軟な教育領域で、常に変貌を遂げてきたからであろう。今日の社会教育も例外ではないので、今後の展望とともに分かりにくいと言われることのいくつかについて、あらかじめ述べておくことにしよう。

社会教育計画とこれからの社会教育

これからの時代は急速に少子高齢化が進むから、今後の社会教育計画は、少子高齢化に伴う様々な地域の学習課題を的確に把握し、その課題に取り組む方向へシフトしていかなければならないであろう。(今後の社会教育における地域課題については第２章参照。)

社会教育計画で言う社会教育の対象は生涯各期にわたっているが、少子高齢化に関わっては、特に、女性の社会活動・職業活動への期待と、高齢者の地域社会・地域経済における活動への期待が高まっているので、そのための教育・学習が大きな課題となるであろう。そこで必要なのは専門的知識・技術であろうが、少子高齢化に伴う社会の落ち込みは広範囲に及ぶと予想されるので、社会的活力の衰え、停滞感、落ち込みからの回復、さらには新たな方向への成長を図るために、回復力・成長力（レジリエンス、resilience）を培う必要がある。これからの社会教育は、そのような回復力・成長力（レジリエンス）の学習を支援することにもを入れなければならないであろう。

レジリエンス（resilience）は、弾力、弾性、弾力性、復元力、回復力、立ち直る力という意味で、外から力を受けたものが、一時的には変形しても、また元の形に戻る性質や力のことである。これは、ものだけではなく個人、組織、社会にもあり、個人、組織、社会の場合には、回復だけではなく成長をもたらすので、成長性弾力という意味をも含んでいる。

近代社会にあっては「知は力なり」と言われ、知識をもつことが力となった。これからは、レジリエンスが生きる力となる時代であり、レジリエンスを身に付け、高めることの出来る機会の整備が社会的課題となるであろう[(1)]。

社会教育による学習機会等の提供と生涯学習支援

平成に入って生涯学習社会の教育・学習システムの構築に着手してから、社会教育と生涯学習振興・推進・支援の間に様々な混乱が生じた。その点を整理するために、学習する人の学習の準備から学習成果の活用までと教育とを対応させたのが**図０－１**である。

図中の学習機会等と学習成果の活用の構成要素（項目）は、内閣府「生涯学習に関する世論調査」（平24（2012）年）の回答選択肢を用いている。この図は行政の関わる社会教育の範囲を調べるためにつくったので、学習プロセスを細かく分けて、それに教育を対応させることをせず、あえて大まかな枠組とした。

学習する人は「学習機会等の選択と学習準備」と「学習活動」のそれぞれを２つ以上選択することも多いので、その組み合わせを考えると、学習を準備し、学習活動を行うパターンは非常に数多く存在する。学習は、教育以外のところでも幅広く行われている。

学習する人が、学習機会等（学習用の資料、情報などを含む）を選択し、学習の準備をする段階に対し、教育を提供する側で対応するのが「教育の準備」であるが、この段階で社会教育行政が関わるのは、公的機関の講座等の一部、図書館、博物館、学校の公開講座、テレビ・ラジオの一部、通信教育の認定などである。

自宅での学習、テレビ・ラジオ利用の学習の多く、情報端末・インターネットでの学習、同好者の自主的集まりについては、学習機会等を選択し、学習の

図０−１　生涯学習の機会等と教育

学習機会等の選択・学習準備	学習活動	学習成果の活用
自宅での学習	自宅での学習	人生を豊かにするために活用
テレビ・ラジオ	テレビ・ラジオ	健康の維持・増進のために活用
情報端末・インターネット	情報端末・インターネット	家庭や日常生活で活用
同好者の自主的集まり	同好者の自主的集まり	仕事や就職で活用
民間教育機関・通信教育	民間教育機関・通信教育	地域や社会での活動で活用
図書館・博物館等	図書館・博物館等	
公的機関の講座等	公的機関の講座等	
学校の正規授業・公開講座	学校の正規授業・公開講座	
職場の教育・研修	職場の教育・研修	
教育の準備	教育活動	学習成果の活用支援

準備をする段階から学習活動に至るまで、生涯学習支援としてのサービス（学習情報提供、学習相談を含む）が必要であろうが、その仕組みは未整備のままである。

我が国では、平成になって生涯学習社会の教育・学習システムの整備にとりかかったが、平成10（1998）年代はじめの広域生涯学習ネットワーク構築事業がすぐに廃止されてしまったため、教育・学習システムが整備半ばのままになっているのである。

生涯学習振興・推進・支援と社会教育

我が国は生涯学習社会の実現を目指している。平成18（2006）年の教育基本法改正で、

> 国民一人一人が、自己の人格を磨き、豊かな人生を送ることができるよう、その生涯にわたって、あらゆる機会に、あらゆる場所において学習することができ、その成果を適切に生かすことのできる社会の実現が図られなければ

ならない。

という第3条（生涯学習の理念）が新設された。

これは、中央教育審議会答申「新しい時代にふさわしい教育基本法と教育振興基本計画の在り方について」（平成15（2003）年3月）の、

時代や社会が大きく変化していく中で，国民の誰もが生涯のいつでも，どこでも，自由に学習機会を選択して学ぶことができ，その成果が適切に評価されるような社会を実現することが重要であり，このことを踏まえて生涯学習の理念を明確にする。

という提言を受け、生涯学習社会の実現を図ることを条文化したものである。

しかし、骨格となる生涯学習社会の教育・学習システムが未整備のままであるため、社会教育と生涯学習支援の関係がはっきりせず、社会教育と生涯学習支援をめぐり様々な混乱が生じてきた。

生涯学習振興・推進・支援についての定義があるわけではないが、これまでの用語法からみると、生涯学習振興や生涯学習推進は文字通り生涯学習を振興し、広く普及することによって、生涯学習社会の実現を目指しているから、生涯学習社会の教育・学習システムの整備や新たな仕組みづくりなどはそこに含まれる。

それに対し、生涯学習支援は、広義には、学習のプロセス全体にわたる支援で、社会教育を含めた教育機会等の提供もその中に含まれる。しかし、狭義の生涯学習支援は、現在のところ、①**図0-1**の学習機会等の選択・学習の準備（学習情報提供、学習相談を含む）の支援、②学習活動に関しては、自宅での学習、テレビ・ラジオ利用の学習の多く、情報端末・インターネットでの学習、同好者の自主的集まりの支援、③学習成果の活用の支援、を指すように思われ

る。

言うまでもないが、行政の関わる社会教育は「社会において行われる教育」（教育基本法第12条（社会教育））で、「学校教育法（昭和二十二（1947）年法律第二十六号）に基き、学校の教育課程として行われる教育活動を除き、主として青少年及び成人に対して行われる組織的な教育活動（体育及びレクリエーションの活動を含む。）」（社会教育法第２条（社会教育の定義））である。

しかし、我が国で生涯学習社会の実現が言われるようになってからまだ日が浅いため、このような生涯学習振興・推進・支援と社会教育をめぐって、様々な混乱が生じた。そのような混乱による停滞を防ぐためには、これらについての不断の検討が必要であるように思われる。

我が国では、これまで経験したことのない少子高齢時代を迎えるにあたり、国力の維持・発展を図るための経済力の強化、人的能力の維持・向上が大きな課題となり、それに取り組むためには、人々の知識・技術の更新・増強の教育が一段と重要になるであろう。これからの社会教育はその一翼を担うことになるので、新たな道を拓くことが期待される。

注

(1)　レジリエンスについては、すでに、ツールを使ってレジリエンスを習得できるような通信教育が始まっている。社会通信教育協会『生涯学習支援実践講座新生涯学習コーディネーター新支援技法研修』の「第Ⅰ単元・成人の学習の理解とＶ字型回復力・成長力（レジリエンス）」（平成26（2014）年１月）を参照。

第1章　社会教育行政の新たな方向と役割

社会教育行政は、これまでも常にそれぞれの時代と向き合いつつ、進化を遂げてきた。本章では、まず社会教育行政に関わる法的位置付けや基本的な考え方を確認したうえで、我が国が当面している社会の変化を踏まえた社会教育行政の課題と今後の方向性について考えることとしたい。

第1節　社会教育行政の意義

1．社会教育の意義

教育基本法は、第12条において、「社会教育」という見出しのもとに、「個人の要望や社会の要請にこたえ、社会において行われる教育は、国及び地方公共団体によって奨励されなければならない」と定めている。

社会教育法は、「社会教育とは、学校教育法に基づき、学校の教育課程として行われる教育活動を除き、主として青少年及び成人に対して行われる組織的な教育活動（体育及びレクリエーションの活動を含む。）をいう」と定めている（第2条）。

この規定は、国や地方公共団体が社会教育活動に行政として関わる限度において、その内容や範囲を定義したものである[(1)]。社会教育は、社会教育団体や社会教育施設における活動だけではなく、「国民の生活のあらゆる機会と場所において行われる各種の学習を教育的に高める活動を総称するもの」として、広くとらえる必要がある[(2)]。

2．社会教育行政の意義

社会教育行政は、社会教育の奨励のために必要な環境を醸成し、社会教育を振興することをその使命とするものである。教育基本法第12条は、「国及び地方公共団体は、図書館、博物館、公民館その他の社会教育施設の設置、学校の施設の利用、学習の機会及び情報の提供その他の適当な方法によって社会教育の振興に努めなければならない」と定めている。また、社会教育法第３条においては、「国及び地方公共団体は、この法律及び他の法令の定めるところにより、社会教育の奨励に必要な施設の設置及び運営、集会の開催、資料の作製、頒布その他の方法により、すべての国民があらゆる機会、あらゆる場所を利用して、自ら実際生活に即する文化的教養を高め得るような環境を醸成するように努めなければならない」とされている。

ここに示されている社会教育行政の基本的な考え方は、

①すべての国民があらゆる機会、あらゆる場所を利用して学習ができるようにすること

②その学習は、（「社会の要請」に基づくものを含め）「自ら」、すなわち学習者の主体性のもとに行われるものであること

③「実際生活に即する文化的教養を高め得るようにする」ものであること

④社会教育行政は、（「個人の要望」に基づくものを含め）これらのための「環境を醸成する」ように努めるものであること

の４点に整理することができる。

３．社会教育行政の主体と役割

国においては、社会教育行政は文部科学省が所管している。具体的には、社会教育の振興に関する企画及び立案並びに援助及び助言に関すること、家庭教育の支援に関すること等のほか、青少年の健全育成、国民の体力の保持・増進やスポーツの振興などがあげられている（文部科学省設置法第３条）。また、社会教育法は、「国は、この法律及び他の法令の定めるところにより、地方公共団体に対し、予算の範囲内において、財政的援助並びに物資の提供及びそのあっせんを行う」と定めている（第４条）。

市町村教育委員会の社会教育に関する事務については、社会教育法第５条に定められており、①社会教育に必要な援助を行うこと、②公民館の設置及び管理に関すること、③所管に属する図書館、博物館、青年の家その他の社会教育施設の設置及び管理に関すること、④講座の開設及び討論会、講習会、講演会、展示会その他の集会の開催並びにこれらの奨励に関すること、⑤家庭教育に関する学習の機会を提供するための講座の開設及び集会の開催並びに家庭教育に関する情報の提供並びにこれらの奨励に関することなど、19項目があげられている。

都道府県教育委員会の事務としては、同法第６条において、「当該地方の必要に応じ」、市町村教育委員会の行う事務（公民館の設置管理を除く）のほか次の事務を行う、として、①公民館等の設置管理に関する指導、②研修施設の設置・運営、③市町村教育委員会との連絡など５項目があげられている。

以上のように、地域住民が行う社会教育の支援については、地域住民に最も身近な基礎自治体である市町村が第一義的な役割を担い、都道府県は、都道府県立施設の設置・運営等のほか、市町村の自主性・自立性に配慮しつつ、広域的自治体としての立場から、市町村事業の支援や広域的な対応が必要な事業等の役割を担うこととされている。

公民館、図書館等の社会教育施設で行われる各種事業は、学校における教育活動と同様に人格形成に直接影響を与えるものであり、対象が成人であったとしても、その内容には政治的中立性の確保が必要であるとの考え方から、教育行政部局が担当することとされている[(3)]。

４．生涯学習と社会教育

生涯学習については、法的な定義は設けられていないが、平成18（2006）年に改正された教育基本法は、第3条において、「生涯学習の理念」として、「国民一人一人が、自己の人格を磨き、豊かな人生を送ることができるよう、その生涯にわたって、あらゆる機会に、あらゆる場所において学習することができ、その成果を適切に生かすことのできる社会の実現が図られなければならない」と明記した。

社会教育法第3条は、国及び地方公共団体は、社会教育行政を行うに当たっては、「国民の学習に対する多様な需要を踏まえ、これに適切に対応するために必要な学習の機会の提供及びその奨励を行うことにより、生涯学習の振興に寄与することとなるよう努めるものとする」と定めている。

生涯教育という考え方は、「生涯にわたる学習の継続を要求するだけでなく、家庭教育、学校教育、社会教育の三者を有機的に統合することを要求する」ものである[(4)]。昭和56（1981）年の中央教育審議会答申「生涯教育について」においては、今日求められている学習は「各人が自発的意思に基づいて」「生涯を通じて行うもの」であることから、これを「生涯学習」と呼ぶのがふさわしいとし、生涯学習のために、社会の様々な教育機能を総合的に整備しようとするのが「生涯教育の考え方」であるとしている。

生涯学習活動は、広範な領域において行われており、社会教育活動の中で行われるものに限定されるものではないが、社会教育活動は、幼児期から高齢期までの生涯にわたり行われる、体育、レクリエーションまでをも含む幅広い活動であり、社会教育活動の中で行われる学習活動は、生涯学習活動の中心的な位置を占める[(5)]。

5．学校、家庭、地域の連携

平成18（2006）年に改正された教育基本法は、「学校、家庭及び地域住民その他の関係者は、教育におけるそれぞれの役割と責任を自覚するとともに、相互の連携及び協力に努めるものとする」として、学校、家庭及び地域住民等の相互の連携協力について定めた（第13条）。

これを受けて、平成20（2008）年に改正された社会教育法第3条第3項では、

国及び地方公共団体は、社会教育行政を行うに当たっては、

①学校教育との連携の確保に努め、及び

②家庭教育の向上に資することとなるよう必要な配慮をするとともに、

③学校、家庭及び地域住民その他の関係者相互間の連携及び協力の促進に資することとなるよう努めるものとする

と定めている[(6)]。

第2節　社会教育行政の形成と展開

1．戦前の社会教育行政

明治初期から、図書館や博物館の整備は、主として学術上の観点から少しずつ進められていたが、さらに「学校教育の施設以外において国民一般に対し通俗平易の方法により教育を行うもの」としての「通俗教育」についても、就学奨励などの必要から、かなり早い時期から行政の対象として認識されていたと考えられる。しかし、社会教育という用語が行政の一対象分野として正式に登場するのは、大正10（1921）年ころである。大正13（1924）年には普通学務局に社会教育課が設置され、昭和4（1929）年には社会教育局が設置される。その際、同局には成人教育課とともに青年教育課が設置され、明治26（1893）年に発足した実業補習学校制度や、大正初期からその振興が図られてきた青年団も同局で所管することとされた。他方、地方の社会教育行政においても、大正14（1925）年には社会教育主事制度が設けられ、昭和7（1932）年には社会教育委員制度が設けられた。

また、家庭教育については、昭和5（1930）年に「家庭教育の振興に関する件」の文部省訓令を発し、母親を対象とした講座の委嘱や婦人団体の組織化も進められた。

しかし、昭和12（1937）年以降は国民精神総動員運動が展開され、当初文部省社会教育局がその事務局を担うことになったが、昭和14（1939）年以降は内閣情

報局に移り、社会教育局は昭和17（1942）年に廃止され、以後昭和20（1945）年に社会教育局が復活するまで、文部省においては教化局、教学局担当行政のみが残されることとなった。

2．戦後の社会教育行政

戦後の社会教育行政は、教育刷新審議会や米国教育使節団の積極的な提言を受け、また昭和21（1946）年の日本国憲法公布、昭和22（1947）年の教育基本法制定を踏まえ、「民主的な日本の建設を目指して」スタートした。教育基本法第7条（平成18（2006）年改正前）には、「社会教育は国及び地方公共団体によって奨励されなければならない」ことが明記された。昭和23（1948）年の教育委員会法においては、教育委員会が社会教育行政を所管することも明記された。また、昭和21（1946）年の文部事務次官通牒を契機に、各地に公民館の設置が進むなどの動きが広がっていった。

このような中で、社会教育制度自体の法制化については慎重な意見もあったが、「新しい時代に即応する社会教育の在り方を明示する立法をどうしても実現しなければならない」という見地から[(7)]、昭和24（1949）年に社会教育法、昭和25（1950）年には図書館法、昭和26（1951）年には博物館法が制定された。社会教育法は、行政が社会教育活動の「具体的内容にまで深入りしすぎた[(8)]」という反省に立ち、「社会教育に関する国及び地方公共団体の任務を明らかにすること」を目的として制定された（同法第1条）。

3．「生涯学習」の登場

昭和40（1965）年、ユネスコの成人教育推進国際委員会において、「生涯教育」の理念が提唱された。我が国においても、昭和46（1971）年には社会教育審議会から生涯教育についての答申が行われた。前掲の昭和56（1981）年の中央教育審議会答申では、生涯教育を「国民一人一人が充実した人生を送ることを目指して生涯にわたって行う学習を助けるために、教育制度全体がその上に打ち立てられるべき基本的な理念である」とし、これに対して人々の生涯にわたる主体的な学習活動を「生涯学習」と呼んだ。[9]

4．臨時教育審議会とその後

昭和58（1983）年、臨時教育審議会が設置され、4次にわたる答申を行い、「生涯学習体系への移行」をその柱として打ち出した。これを受けて、文部省（当時）においては、昭和63（1988）年に社会教育局を改組して生涯学習局が設置された。

さらに、前述のように平成18（2006）年には教育基本法が改正され、教育における基本理念として「生涯学習の理念」を掲げた。これを受けて、社会教育はそのための中核を担うものであるとの理解から、平成20（2008）年には社会教育法が改正され、生涯学習の振興に寄与するという理念が明記された。

第3節　社会教育行政の新たな方向

1．社会の変化と社会教育への期待

以上のように、社会教育行政は、それぞれの時代の趨勢と向き合いつつ進化を遂げてきた。今後の社会の変化については、第2期教育振興基本計画においては、①少子化、高齢化など人口動態、②グローバル化の進展、③雇用環境の変化、④地域社会、家族の変容、⑤経済的・社会的な格差、⑥地球規模の課題をあげ、我が国が当面するこれらの厳しい状況を乗り越えて、持続的に活力ある発展を遂げていくためには、自立・協働・創造の生涯学習社会を構築する必要があるとしている。[10]

この基本計画の策定と並行して行われた第六期中央教育審議会生涯学習分科会の審議においては、このような変化の中でこれからの社会教育に求められるものとして、個人の自立に向けた学習と、絆づくり・地域づくりに向けた体制

づくりをあげている。[11]

個人の自立に向けた学習需要としては、転職やキャリア・アップ、出産や子育て後の職場復帰や再就職、若年無業者・引きこもり等の若者の社会的・職業的自立のための学習などがある。さらに、青少年の人間的な成長に不可欠な様々な体験学習、家族の変容の中での家庭教育に関する学習、生涯現役・全員参加社会における地域の担い手としての学習などをあげることができる。

もう１つは、絆づくり・地域づくりに向けた体制づくりである。都市化・過疎化といった社会移動を含む人口動態や家族形態の変容、価値観やライフスタイルの多様化等により、地域社会の人間関係の希薄化や人々の孤立が指摘されている。その一方で、他者と協働しながら積極的に社会に参画し、主体的に地域づくりに貢献していこうとする気運の高まりもみられる。[12]

人々の間の「絆・ネットワーク」、「互酬性の規範」、「信頼」などは、「社会関係資本（social capital ソーシャル・キャピタル）」と呼ばれる。[13] 学習を通じて信頼や規範のネットワークが形成され、その成果が社会参画につながっていくような、社会関係資本を媒介とした「知の循環型」の学習機会の提供が重要となっている。

他方で、いわゆる「学習格差」の拡大への懸念も示されている。平成20（2008）年の中央教育審議会答申「新しい時代を切り拓く生涯学習の振興方策について～知の循環型社会の構築をめざして～」において指摘されているように、学校教育での学習に加え、その後も生涯を通じて学習活動を継続することを通じて、他者との関係を築く力など豊かな人間性を含む総合的な力を身に付けていくことが求められている。しかし、実際の取り組みは様々であり、いわゆる「学習格差」が広がっているとの指摘もある。「学習格差」は、経済的・社会的格差の拡大をさらに助長する方向に働く可能性が高い。

より厚みのある社会関係資本を構築し、社会全体のいわゆるレジリエンス（強靭性）[14] を高めていくためには、学習格差を克服するための意図的な働きかけが必要である。

２．社会教育行政が抱える課題

このように、社会教育は、これからの社会の変化に対応していくための基盤として不可欠の、きわめて重要な役割を担っていくことが期待される。このような観点からは、社会教育行政が抱える課題として、①地域コミュニティの変質への対応、②多様な主体による社会教育事業の展開への対応、③社会教育の専門職員の役割の変化への対応、の３点を挙げることができる[(15)]。

⑴　地域コミュニティの変質への対応

社会教育行政においては、伝統的に、自治会、婦人会、青年団等のそれぞれの地域に根差した組織がその基盤として重要な機能を担ってきた。しかしながら、高齢化、過疎化などの人口動態や社会経済環境の変化の中で、従来の地縁的な協働への参画の確保が困難になる傾向にある。その一方で、特定の目的・テーマのもとに集まって活動を行うNPOやボランティア・グループが、新たな地域づくりの担い手として登場し、その活動は急速に活発化してきている。

このように、地域コミュニティが変質する中で、従来の地域に根差した組織が、自ら活動や組織運営の在り方について積極的に変革に取り組むとともに、NPO等の新たな地域の担い手と相互に連携を図っていく必要がある。社会教育行政も、このような変化を積極的に支えるとともに、その中から地域づくりの担い手となる地域住民が育つような人づくりの役割を担うことが求められている。

⑵　社会教育の担い手の拡大への対応

近年、新たな社会的課題や地域課題が増大し、地域住民の行う学習活動も広範多岐にわたって行われるようになっている。先に述べた地域コミュニティの変質ともあいまって、行政の様々な部局が推進する普及啓発事業、大学等の高等教育機関における地域貢献事業、民間の各種教育関連事業などが、質・量ともに急速な広がりをみせている。

このように、社会のあらゆる場で行われる組織的な教育活動としての社会教育の担い手はますます拡大し、多様化しており、これらの当事者間の連携が従来以上に重要となっている。社会教育行政は、このようなネットワークの形成に積極的な役割を果たすことが求められている。

⑶　社会教育の専門的職員の役割の変化への対応

これらの変化は、社会教育の専門職員の役割にも変化をもたらす。地域住民主体による地域づくりを支えていくに当たっては、行政の専門的職員が果たす役割は大きい。その中でも、社会教育主事は、社会教育事業の企画・実施など地域住民の学習活動の支援を通じて、人づくりや絆づくり・地域づくりに中核的な役割を担ってきた。

しかしながら、近年の社会教育主事の減少傾向を見ても[(16)]、社会教育の活動が拡大しているにもかかわらず、社会教育主事などの専門職員の専門性や必要性については必ずしも十分に評価されていないと考えられる。また、社会教育行政部局以外の主体による社会教育が拡大する中で、自治体間での社会教育の取組の格差も拡大する結果となっている。この意味でも、社会教育専門職員の専門性の向上は、きわめて重要な課題である[(17)]。

3．ネットワーク型行政としての社会教育行政の再構築

以上のような課題に対応していくためには、社会教育行政は、社会教育施設の設置管理や主催事業の実施だけでなく、いわば地域のコーディネーターとして、積極的に幅広いネットワーク形成を働きかけていくことが求められる。

この点については、平成10（1998）年の生涯学習審議会答申[(18)]は、「生涯学習社会においては、人々の学習活動・社会教育活動を、社会教育行政のみならず、様々な立場から総合的に支援していく仕組み（ネットワーク型行政）を構築する必要がある」とし、社会教育行政は生涯学習振興行政の中核として、積極的

に連携・ネットワーク化に努めていかなければならないと指摘している。また、平成20（2008）年の中央教育審議会答申[(19)]においても、生涯学習振興行政・社会教育行政の再構築を図っていく中で、①社会教育施設等が地域のネットワークの拠点となること、②社会教育主事が、関係者の連携のための調整を行うコーディネーターとして、積極的な役割を果たすことが期待されるとしている。

このようなネットワーク型行政を推進していくためには、地域の様々な活動の調整や活性化を担う地域人材を育成するとともに、社会教育主事などの専門職員が中心となって、それらの地域人材を結ぶ体制を構築していくことが期待される。また、行政の各部局や大学、民間団体等が有する学習資源に関する情報が共有され、有効に活用される仕組みの構築が重要である。

４．大学との連携

大学は、教育研究の成果を基にした公開講座の開催や地域の産業振興、地域医療・公衆衛生、芸術文化の普及や文化財の保存・活用、スポーツや健康増進、防災や環境保全、過疎対策など、社会や地域における様々な課題解決や地域の活性化に貢献している。今後、地域の実情に応じて、地域との相互交流をさらに促進し、地域から信頼される地域コミュニティの中核的存在としての機能強化を図ることが求められている。

社会教育行政としても、今後、多様化・高度化する地域の課題に対応し、地域の活性化を図っていくためには、人材や情報・技術など様々な資源を有する大学等との連携・協働が不可欠であり、社会教育担当部局からも積極的に働きかけを行っていくことが求められる。

５．生涯学習振興行政の役割

先に述べたように、生涯学習とは、各個人が行う学習のみならず、社会教育や学校教育において行われる多様な学習活動を含め、国民一人一人がその生涯にわたって自主的・自発的に行うことを基本とした学習活動である。

生涯学習振興行政は、この生涯学習の理念を実現するため、社会教育行政や学校教育行政等において個別に実施される教育に係る施策、首長部局において実施される生涯学習に資する施策等について、その全体を総合的に調和・統合させるための行政をその固有の領域としている[20]。社会教育行政が個別の施策についてネットワーク型行政を展開していくことを前提に、生涯学習振興行政としては、その固有の領域である「全体を総合的に調和・統合する機能」をより一層強化していくことが必要になる。

具体的には、生涯学習振興に関する基本構想や計画等の策定、関係機関との連絡調整や、学習情報の提供、啓発・相談体制の整備のほか、「知の循環型社会」を目指して生涯学習の成果が適切に評価され、その成果が生かされる場や仕組みを工夫していくことが期待される。

また、特に都道府県においては、域内の市町村職員等に対して指導者の養成に資する研修を実施すること、国は、今後の方向性や基本的な方針の提示等のほか、学習の質の保証を図ること、大学や地方公共団体、民間教育事業者等が実施する人材認証制度等による学習成果の評価・活用の取り組みを促進することも重要な課題である。

結びに代えて——社会教育行政への期待

我が国の社会教育行政は、様々な試行錯誤を繰り返しながら、我が国独自の優れた実践を積み重ねてきた。これからも、時代の変化を見通しつつ、不断に新たな社会教育行政の姿を創造していかなければならない。ネットワーク型行政として社会教育行政を再構築していく上では、学習歴や健康寿命が延び、「地域」の重要性が再認識され、多くの元気で学習意欲の高い人々が地域の担い手として参入してくることが見込まれることは、明るい材料でもある。

社会教育行政においては、学習者が主役であり、その施策は地域の住民の主体性のもとに進められなければならないことは繰り返すまでもない。しかし、力強い地域なしにこの国の活力ある未来はない。そして、その基盤を支えているのが社会教育行政である。その意味からも、社会教育行政の果たすべき使命は極めて大きいということを銘記しなければならない。

注

(1)　井内慶次郎／山本恒夫／浅井経子『改定社会教育法解説　第３版』全日本社会教育連合会、平成20（2008）年。
(2)　「急激な社会の構造の変化に対応する社会教育のあり方について」昭和46（1971）年社会教育審議会答申。
(3)　「今後の地方教育行政の在り方について」平成25（2013）年中央教育審議会答申。
(4)　注(2)掲答申。
(5)　「社会の変化に対応した今後の社会教育行政の在り方について」平成10（1998）年生涯学習審議会答申。
(6)　平成13（2001）年に追加された旧同条第２項を再改正したものである。
(7)　西崎恵『新社会教育行政』良書普及会、昭和25（1950）年。
(8)　前注掲書。
(9)　臨時教育審議会では、「学習者の視点から課題を検討する立場を明確にする」という意味で、「生涯教育」ではなく「生涯学習」という用語を用いている（「審議経過の概要その３」、昭和61（1986）年）。
(10)　「教育振興基本計画」、日本生涯教育学会『生涯学習研究ｅ事典』。
(11)　「第六期中央教育審議会生涯学習分科会における議論の整理」中央教育審議会生涯学習分科会、2013（平成25）年。
(12)　広井良典は、人々がGDPの拡大といった「大きなベクトル」から解放され、むしろ地域の風土・伝統・文化といった固有の価値や多様性に関心が向かい、地域コミュニティから「離陸」していった人々がもう一度地域に「着陸」する時代、と表現している（広井良典『創造的福祉社会――「成長」後の社会構想と人間・地域・価値――』ちくま新書、平成23（2011）年）。
(13)　稲葉陽二「社会関係資本とは何か」、『生涯学習政策研究』2012（平成24）年10月、6-14頁。

(14)　山本恒夫ほか編『新生涯学習コーディネーター新支援技法研修テキストⅠ』社会通信教育協会、2014（平成26）年、35-40頁。

(15)　注(10)掲書。

(16)　社会教育行政研究会『社会教育行政読本――「協働」時代の道しるべ――』第一法規、2013（平成25）年、47-48頁。

(17)　このことは、つとに指摘されてきた。例えば、今村武俊『社会教育行政入門』第一法規、1972（昭和47）年、400-401頁、「社会教育推進体制の在り方に関するワーキンググループにおける審議の整理」(2013年)、など。この間、社会教育主事の職務については、講座等の講演者から社会教育計画の立案及び学習の促進者へ（昭和46（1971）年社会教育審議会答申)、さらに近年ではむしろ各種当事者間のコーディネーターとしての機能が強調されるに至っている。このような観点からは、社会教育主事の職務に関する社会教育法第９条の３の規定については、見直しが必要であると考えられる(同、88頁)。

(18)　注(5)掲答申。

(19)　「新しい時代を切り拓く生涯学習の振興方策について――知の循環型社会の構築をめざして――」平成20（2008）年中央教育審議会答申。

(20)　注(10)掲書。

参考文献

- 浅井経子編著『生涯学習概論――生涯学習への道――　増補改訂版』理想社、平成25（2013）年
- 稲葉陽二「ソーシャル・キャピタル入門――孤立から絆へ――」中公新書、平成23（2011）年
- 河合明宣『地域の発展と産業』放送大学教育振興会、平成23（2011）年
- 生涯学習・社会教育行政研究会編『生涯学習・社会教育行政必携（平成26年版)』第一法規、平成25（2013）年
- 鈴木眞理／大島まな／清國祐二編『社会教育の核心』全日本社会教育連合会、平成22（2010）年
- 田中壮一郎『逐条解説　改正教育基本法』第一法規、平成19（2007）年
- 寺中作雄『公民館の建設――新しい町村の文化施設――』公民館協会、昭和21（1946）年
- 日本生涯教育学会『生涯学習研究ｅ事典』、http://ejiten.javea.or.jp/
- 広井良典『創造的福祉社会――「成長」後の社会構想と人間・地域・価値――』ちくま新書、平成23（2011）年

第2章　今日的課題に応える計画づくりのアイディアとヒント

第1節　地域再生と社会教育計画

1．地方分権時代における自治体政策と地域づくりを担う多様な活動主体

我が国は急速な人口減少社会に突入し、社会があらゆる面で縮小傾向にある中、地域再生は活力ある社会を維持していくために喫緊の課題となっている。地方分権時代にあって、地方公共団体は地域再生のために、独自の工夫を凝らしながら自治体経営に取り組んでいる。地方分権は、国から権限が委譲され地方公共団体の自己決定権が拡充するとともに自己責任も重大なものとなり、「経営」というキーワードが大きな意味をもつことになる。そこには、多様な主体の参画により地域再生のための新たな価値創造を図る姿が浮かび上がってきている[(1)]。

平成10（1998）年に制定された特定非営利活動促進法から十数年が経過し、民間組織による自主的な社会貢献活動も多様化してきた。民間組織も非営利というだけでなく、コミュニティビジネスと称した地域密着型活動が市場レベルで成立するようになってきている。コミュニティビジネスは、地域における新たな雇用の創出などにより、地域コミュニティの活性化に寄与するものと期待されている。

大学においても、地域再生・活性化等を目指し地域の課題解決を担う人材を輩出するため、地域社会との連携を図る取り組みが行われている[(2)]。

今日のような成熟社会において、「公」の領域を行政が担うのか、民間が担うのかといったかつての議論から、相互に連携を密にしながら様々なセクターが政策課題に取り組むなど、“マルチパートナーシップ”とも言うべき新たなネットワークづくりが展開されている。

2．行政と地域住民の存在

地域住民の行政ニーズの多様化・高度化とともに、情報公開やインターネット等を活用した行政施策の積極的な情報提供、またボランティア活動の活発化などにより、地域住民の地域に対する見方や行政に対する意識が変化している。民間セクターが公共領域で課題解決のために多様な関わり方をしてきている中で、地域住民は行政サービスの受け手としての存在から、行政サービスの提供主体として登場するようになってきた。さらには、地域総合計画の策定過程にみられるように、行政と地域住民とが協働して政策課題に取り組むことが当たり前にもなってきた。厳しい財政状況のもと、地域住民も積極的に課題解決に取り組む必要があり、行政施策の実施段階ではなく計画の策定段階から関わることで、責任感をもって臨むインセンティブにつながることから、地域住民の計画策定時からの参画はきわめて重要である。

このような地域住民は地域課題に敏感な住民であり、その感覚は突然身に付くものではなく、様々な体験を含めた学習をとおして身に付くものである。地域再生のための課題が住民自身にとって身近な課題であると認識するにはどうすればよいか、あるいは地域課題を多くの他者と共有し活動に結び付けるにはどうすればよいか。社会教育行政は、これらの観点に着目した学習機会を創出し、地域住民の参画によって地域ぐるみで課題解決に当たる環境を醸成する必要がある。

3．地域再生に取り組む社会教育計画

地域総合計画は、地方公共団体における行政運営の総合的な指針であり、様々な行政部局において策定される行政計画（読書活動推進計画、スポーツ振興基本計画など）の上位に位置する計画である。社会教育計画も当然、総合計画の指針に則った内容を盛り込み、上位計画の実現のために策定される必要があるし、逆に総合計画に盛り込まれることによって社会教育計画の実現可能性も高

まることになる。

地域再生は、社会教育行政を超えた総合的な対応が必要である。地域課題が複雑化・高度化・専門化した今日においては、行政部局間の連携にとどまらず、これまで述べてきたような多様な政策実施主体と相互に連携を図りながら進めていく必要がある。社会教育計画の策定に当たっては、首長部局の取り組みや多様な民間団体の活動を視野に入れ、地域住民の学習要求に対応していく必要がある。

また、総合計画の政策目的を達成するための手段として教育的手法（人材育成のための学習機会の提供や研修事業の実施など）が用いられる場合、社会教育主事等の社会教育関係職員は積極的に関わっていく意識が必要である。その意味では社会教育の意義をいかに伝えていくかについて、当該職員のプレゼンテーション能力が求められる。ここで言うプレゼンテーション能力とは、首長部局に対して社会教育職員の関わりをもつことの意義を伝える“説得力”とも言える能力である。

４．教育的配慮を意識した社会教育計画の策定

社会教育計画は行政計画であり、行政目的実現のために存在するが、一方で、計画に盛り込まれた取り組みは、社会教育事業として地域住民が有する学習目的を達成するものとならなければならない。

社会教育行政の役割は、地域住民の学習を進めるための環境整備である。社会教育計画はこうした住民自身が有する課題解決に資する取り組みを重視する必要があり、その点で首長部局が実施する取り組みとは異なる面があると言える。

このように、社会教育計画に基づき提供される学習機会は、地域住民の自発的意思に基づいて選択されるものであって、行政意図を反映させ行政の下請けに地域住民を置くような学習内容にしてはならない。

教育基本法第12条「個人の要望や社会の要請にこたえ、社会において行われる教育は、国及び地方公共団体によって奨励されなければならない。」との規定は、行政が提供する学習機会について学習者の要望を踏まえるとともに、地域再生に取り組む行政施策とのバランスの中で実施していく必要があることを示唆している[(3)]。

5．自前主義からの脱却

昭和59（1984）年から4年間かけて審議された臨時教育審議会は、4度の答申を行ったが、その後、地方公共団体は生涯学習推進本部の設置など全庁的な取り組みとして生涯学習推進体制の整備を図り、生涯学習の普及啓発等の事業を行ってきた。地域再生は、首長部局や地域課題に取り組む民間団体も大いに関心を寄せている分野であり、生涯学習の推進と同様、全庁的にさらには民間団体も巻き込んで取り組む課題である。

「中央教育審議会生涯学習分科会における議論の整理」（平成25（2013）年1月）では、社会教育行政が多様な主体による社会教育事業との連携・協働が必ずしも十分に行うことができていないという現状を踏まえ、「自前主義からの脱却」を求め社会教育行政の再構築を提言した。

今後、社会教育計画が「自前主義からの脱却」を意識し、地域再生のための取り組みを促す仕掛けとして期待されるところであり、有能で専門性豊かな社会教育主事をいかに養成確保し、配置するかが重要な政策課題になると言えよう。

第2節 少子高齢化の課題に応える社会教育計画

1．少子高齢化の現状

我が国の総人口は、平成27（2015）年10月1日現在、1億2,711万人であった。65歳以上の高齢者人口は、過去最高の3,392万人となり、総人口に占める割合（高齢化率）も26.7％となった。平成26（2014）年現在の高齢化率を地域別にみると、最も高い秋田県で32.6％、最も低い沖縄県で19.0％となっている。今後、高齢化率は、すべての都道府県で上昇し、平成52（2040）年には、最も高い秋田県では43.8％となり、最も低い沖縄県でも、30％を超えて30.3％に達すると見込まれている。

一方、市町村に目を転じると、高齢者が半数を超える自治体も散見される。商業施設に通うことができない「買い物難民」の問題や、医療や介護などの行政サービスにかかる費用の増加など、極めて深刻な状況にある。こうした高齢化には、大別すると２つの要因がある。１つは、平均寿命の延伸による65歳以上人口の増加である。そして、２つは、少子化の進行による若年人口の減少である。

今日の急速な高齢化の進行は、単に高齢者の増加に起因しているだけではなく、高齢化と同時進行している少子化による影響も大きい。すなわち、少子化が進めば進むほど、高齢化が加速するという関係にある。我が国の年間の出生数は、第１次ベビーブーム期には約270万人、第２次ベビーブーム期には約200万人であったが、昭和50（1975）年に200万人を割り込み、それ以降、毎年減少し続けた。昭和59（1984）年には150万人を割り込み、平成３（1991）年以降は増加と減少を繰り返しながら、緩やかな減少傾向となっている。平成26（2014）年の出生数は、前年より２万6,277人減少し、100万3,539人であった。こうした少子化の原因としては、未婚化・非婚化・晩婚化などに伴う晩産化や無産化が指摘されている。

２．少子高齢化と社会教育計画

社会教育計画は、地域の有する課題を解決し、目指すべき姿へと導くためのシナリオである。各種資料や調査の結果等を客観的に分析したものを基礎データとして、計画は立てられなければならない。そのためには、当該地域の位置、地勢、人口（年齢人口構成を含む）、産業、労働、行財政、教育、文化などの状況や、住民の生活構造の実態、意識・行動等のあらゆる地域資料を収集し、主観的・観念的な憶測を避け、具体的な裏付けのある展望をもつことができるように分析し、「知る」だけではなく、将来を読み取ること、すなわち将来予測が求められる。平成26（2014）年、日本創成会議[(4)]の分科会が発表した今後の人口減少に関する予測は、たいへん深刻な内容であった。平成52（2040）年には、全国の約半数にあたる896の市区町村で20～39歳の女性の数が現在の半分以下に減り、このうち523の自治体では人口が１万人未満となり、「消滅の危機」に直面するというものである。人口と年齢構成に関わる予測は、地域の存続をも左右する重要なデータである。こうした予測データは、現在ではほとんどの自治体が公開している。社会教育計画の策定に当たっては、データを踏まえ、将来の地域課題を予測し、必要な社会教育事業を計画の中で位置付けていくことが重要である。

３．少子高齢化の進展による新たな地域課題

少子高齢化の進展は、地域に様々な形で暗い影をおとす。社会教育は、こうした影響により生じる新たな地域課題と真摯に対峙し、地域づくり・人づくりを進めなければならない。ここでは、少子高齢化の進展による影響を、「子供・家庭」、「地域社会」、「経済社会」の３つの視点から捉え、今後懸念される主な地域課題について概観する。

⑴　子供・家族への影響

地域における子供の減少は、同年齢や異年齢の子供たちの社会集団を構成することができなくなる。そして、子供同士の交流や切磋琢磨の機会を減少させ、コミュニケーション能力をはじめとする子供の社会性の形成を一層難しくする。また、学校や地域における一定規模の集団を前提とした教育活動やその他の活動（学校行事や部活動、地域における伝統行事等）も成り立たなくなる。一方、

親については、子供に対する過保護・過干渉を招きやすくなることや、子育てについての経験や知恵の伝承・共有が困難になることも危惧されている。さらには、世帯の人数も減少し、単身者や子供のいない世帯が増加するなど、「家族」の形が変容することから、家族の支え合う機能の低下が懸念される。

⑵　地域社会への影響

地域社会におけるつながり、結び付きといったコミュニティ機能は、住民同士の支え合いや危険要因の除去、注意喚起等、災害だけでなく犯罪や福祉、教育、環境等の様々な問題を解決する際に、その役割を果たしてきた。しかしながら、今日の急激な少子高齢化の進行は、これまで主に町内会・自治会が母体となって地域住民が自主的に連帯して取り組んできた防災をはじめとする様々な地域活動を衰退させている。地域コミュニティの崩壊は地域の活力だけでなく、地域の安心・安全を脅かす原因ともなっている。とりわけ、単身高齢者にとっては、地域コミュニティは緊急時のセーフティネットである。「孤独死」の問題や介護その他の社会的扶養の必要性を高めるなど、地域の福祉にも大きな影響を及ぼすことが想定される。さらには、高齢化による地域活動を支える世代の減少は、田畑や森林の管理や長年培われてきた地域の歴史や伝統文化の継承にも影響を及ぼしている。

⑶　経済社会への影響

少子高齢化による経済社会への影響として第一にあげられるのは、生産年齢人口の減少による生産現場などへの労働力の供給が困難となることである。また、急激な少子化により高齢化がさらに進めば、年金、医療、介護等の社会保障費の急速な増大を引き起こし、それが現役世代の税や社会保険料の負担増につながっていく。さらには、現役世代の人口の減少と所得の減少により、税収が減少し、行政による公共サービスの縮小にもつながっていく。現行の地方行政の体制のままでは、市町村によっては、住民に対する基礎的なサービスの提供が困難になるケースも懸念されている。

4．少子高齢化と社会教育計画立案の視点

⑴　子供を産み育てる環境の充実

少子化に際して、「安心して子供を産み育てられる環境づくり」を重点施策として位置付ける自治体が多い。行政内における子育て環境の整備は、福祉をはじめとする様々な一般行政部局においても取り組みが行われている。社会教育計画には、一般行政とは異なる社会教育行政として取り組むべき事業の視点を明確にすることが重要である。学習者の意識を変え、行動変容を目指す社会教育の特質を念頭に、教育的な視点に立った人づくりこそが、子供を安心して産み育てる環境の構築に向けて、社会教育計画の中に位置付けるべき事業の視点である。以上のことを踏まえ、社会教育計画に位置付けることが望まれる主な事業は次のとおりである。

ⅰ　子供を対象に、異世代交流や様々な体験学習を取り入れた子供の学習と発達を支援するための事業。

ⅱ　子育て中の親を対象に、家庭教育に関する学習機会を提供する親の学習と発達を支援する事業。

ⅲ　親子を対象に、親子のふれあいを図る親子関係を支援する事業。

ⅳ　地域のすべての住民を対象に、子育てボランティアやサークル育成のための学習機会を提供する子育て環境づくりを支援する事業。

⑵　高齢者の健康の維持と地域活動の促進

急速な高齢化により、高齢者医療費の増大、地域社会の活力の低下、単身老人世帯の増加等の問題が顕在化しつつある。また、65歳以降の平均寿命は非常

に長くなり、退職後の人生を自ら設計し、生きがいをもって主体的に生きるとともに、地域における様々な活動において、重要な担い手として活躍していくことは、本人のみならず、地域社会の活性化という観点からも重要である。こうした状況を踏まえ、高齢化に伴う地域課題に対処するためには、意図的、計画的に必要な学習機会を提供し、高齢者自らが学習成果を活用し、各自の課題や地域の課題の解決に取り組むことができるような仕組みづくりが必要である。以下に示すのが、社会教育計画の中で位置付けるべき主な事業の視点である。

i　高齢者を対象に、職業的知識や技術に関する学習機会を提供することによって再就職を支援する事業。
ii　高齢者を対象に、余暇を有意義に過ごすための仲間づくりや趣味・教養に関する学習機会を提供することによって健康な生活を支援する事業。
iii　高齢者を対象に、地域活動に参加するためのノウハウ等に関わる学習機会を提供することによって地域への参画を支援する事業。
iv　地域のすべての住民を対象に、高齢者をサポートするボランティアやサークル育成のための学習機会を提供することによって高齢者の福祉環境づくりを支援する事業。

⑶　新しい「公共」による共生社会の構築

少子高齢化が急速に進展する中で、多様な個人が能力を発揮しつつ、自立して共に社会に参加し、支えあう、「共生社会」の形成が求められる。今日の地域コミュニティの衰退は、家族や共同体の互助という仕組の中でまかなわれてきたサービスの供給を困難にしつつある。しかし、こうした事態に、代替すべき行政機関が、逼迫した財政状況故に、十分に役割を果たせない状況にある。そこで、近年注目されるのが、これまでもっぱら行政に委ねられてきた「公共」を市民が担う「新しい公共」という仕組である。地域のNPO、ボランティアなどの住民組織が担い手となり保育所に入所できない子供の保育サービスや高齢者の配食サービス等は、すでに全国で散見することができる。今後の持続可能な地域社会を確立・維持するためには、欠くことのできない仕組みであり、住民の地域活動の積極的なサポートとともに、NPO、ボランティア等の組織育成の視点を社会教育計画の中に位置付けることが必要であろう。

第3節 情報化の中の社会教育計画

1. 情報化とICT

情報化を推進する上で欠かせないものとして、情報通信技術があげられるが、これは、一般的にICT（Information and Communication Technology）と称されている（以前は、IT（Information Technology）と称されていた）。本節では、近年のICTの発展の目ざましさを踏まえつつ、社会教育の分野において国や自治体がICTを活用した事業を企画・実施する事例や留意点等を取り上げる。

平成18（2006）年に改正された教育基本法の第3条は、生涯学習の理念として「国民一人一人が、自己の人格を磨き、豊かな人生を送ることができるよう、その生涯にわたって、あらゆる機会に、あらゆる場所において学習することができ、その成果を適切に生かすことのできる社会の実現が図られなければならない。」と規定しているが、この「あらゆる機会に、あらゆる場所において学習することができ」とされた学習の機会を保証するという点でICTのもつメリットは非常に大きく、社会教育の中でもこれまで様々な取り組みがなされてきた。

近年、スマートフォンをはじめとして、身近に高性能なデジタルデバイス（digital device 情報機器・装置）が無数に存在している。また、これらのデバイスがインターネットに常に接続され、また、このことを前提として多様なサービスが提供されている現状にあっては、「情報化」という言葉を改めて聞く機会が少なくなるほど、ごく当たり前のものとしてICTは人々から認識され、その結果、ICTを活用することは従前と比較しても非常に敷居の低いものとなっている。

本節では、社会教育においてICTを活用した取り組みの事例の紹介に加え、ICTを取り入れた社会教育計画を検討していく際の留意点等を述べる。

２．ICTを活用した事業

ICTを活用した事業の例として、例えば次のようなものがあげられる。

(1)　遠隔地への講座配信

主に地理的な問題のため、講師の派遣による学習機会の提供が困難な地域に対して、ICTを活用し、遠隔で講座を配信することによって、学習機会の確保を図るもの。例えば、琉球大学では、沖縄本島から数百キロメール離れた宮古島や石垣島にサテライトキャンパスを設置した上で、沖縄本島に所在する大学内で実施される公開講座をネットワークで配信する事業（「ちゅら島の未来を創る知の津梁（かけ橋）」事業）を展開している[(5)]。

(2)　ICTに関する講座の開催

地域住民のICTの活用能力向上を目的とした講座を開催するもの。かつては、パソコンの使い方自体を教えるいわゆる基礎技能講習が盛んであったが、最近ではホームページの作成講座やパソコンを用いた映像の編集講座などが盛んに実施されている。

(3)　学習情報提供ウェブサイトの開設

学習機会の提供を目的としたウェブサイト（website）を開設するもの。このウェブサイトは、一般的には学習情報提供システムと呼ばれ、自治体が域内で提供されている講座を紹介するほか、域内で講座を企画する際に参考になる様々な専門分野の講師を紹介している[(6)]。

図２－１　琉球大学「ちゅら島の未来を創る知の津梁（かけ橋）」事業　概要

琉球大学サテライトキャンパス

大学では琉球、県内の島嶼部を含む複数の地域に琉球大学サテライトキャンパスを設置します。このキャンパスでは、「サテライト教育システム」を活用した双方向（多方向）型の教育、対面式での出前講座、また、シンポジウム・フォーラム・ワークショップ等を実施し、地域の人々との交流を通じた学びの機会拡充を実現していきます。

平成25年度は３カ所のサテライトキャンパスを設置しました。平成26年４月から、試行的に、本学の公開講座及び公開授業の一部を配信したり、本学の教職員や学生が各キャンパスに出張し、出前での公開講座を実施する予定です。

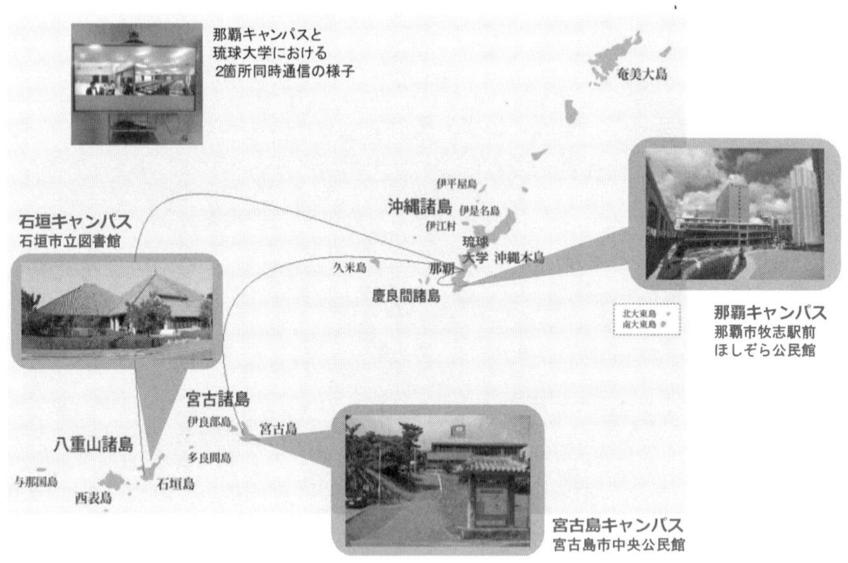

出典：「琉球大学サテライトキャンパスの設置について」内の図より筆者が修正した

⑷　ｅラーニング（e-learning）

ウェブサイトにおいて配信されるデジタルコンテンツを利用して自ら学習を行うもの。これは、いわゆるｅラーニングの一学習形態である。ICT は、地理的・時間的制約を超えるとともに双方向性の特長を有しているので、この特徴を効果的に活用した学習が期待できる。なお、ｅラーニングでは、近年デジタルコンテンツの質の保証・向上が課題であり、この取り組みを早期に構築することが期待される。

⑸　その他の取り組み

⑴から⑷であげた取り組みの他にも、学習者の学習成果の評価や社会的通用性の向上に資するために、ポートフォリオと称して個々人の学習履歴をウェブサイト上で管理する取り組みやSNS（Social Networking Service　ソーシャル・ネットワーキング・サービス）を活用して学習者間のネットワーク形成を促す取り組みも事業の例としてあげられる。

３．ICTを活用した事業を展開するに当たっての留意点

ICTを活用した事業を展開するに当たっては、デジタル・デバイド（digital divide　情報格差）の対応に留意する必要がある。デジタル・デバイドとは、情報へアクセスできる者とアクセスできない者との格差を指す[(7)]。

この点に関して、情報機器を使いこなせない高齢者の層に着目する。個人の年齢階層別インターネット普及率は、13歳～59歳までは９割を超えているのに対し、60歳以上は２～８割程度と年代を追うにつれ、段階的に低くなる傾向がある[(8)]。

一方で、このインターネットの利用率が低い年齢層のうち、特にいわゆる団塊の世代は、社会教育の事業の対象として非常に重要な層である。50～69歳以上のインターネット利用は近年拡大傾向にはあるが、引き続きデジタルデバイドの解消に向けた取り組みとして重要である。

４．社会教育に関する事業を検討するに当たって

近年の社会教育及びICTを取り巻く現状から、どのような点に留意して事業を展開したらよいかを**２**で紹介した事業の種別ごとに述べる。

⑴のICTを活用した遠隔地に対する学習機会の提供は、特に地理的に不便な地においては、大きな成果が上がることが期待されるが、施設間のネットワークの確保や機材の導入等のために高コストになる傾向があり、それに伴って事業の継続性が課題になりがちである。この事業形態は、モデル事業などと称し、複数年度の事業期間を設定した形で、国による競争的資金等による予算措置がなされることが多い事業形態だが、それゆえ、あらかじめ定められた事業期間が終了した後に自前で継続することができるかが課題になる。また、事業実施に当たっては、遠隔地に対してもICT機器の操作ができる職員を配置する必要があり、人員に対しても一定のコストを要する形態と言える。

⑵のICT活用能力の向上を目的とする講座の開催に当たっては、地域住民の力を活用することが有効である。域内には、ICTを活用した業務に長年たずさわり、リタイヤした人も大勢いるはずであり、これらの方々に講師を担当してもらうことによって①外部講師の招聘と比較するとより低廉な講義が開催可能、②ICTスキルの高い地域住民が同じ地域住民にICTを指導することによるデジタル・デバイドの解消及び③地域住民同士の学び合いの場を設けることによって地域の教育力の向上等に資する好機になる、といった利点があげられる。

⑶のウェブサイトによる学習情報の提供に関しては、ICTに関心の強い層ほど、このサイトを利用する可能性があることを考えると、⑵であげたようなICTを活用した講座の存在を知るきっかけにもなり得ることが考えられ、積極的に講座の情報を発信することの意義は大きい。一方で、一般にウェブサイトの運営には、毎年継続的な運営費用が発生することや不定期な修繕やセキュリティ対策等の費用が発生することに留意しつつ、複数年度持続可能な事業を計画・実施する必要がある。

⑷のｅラーニングは、生涯学習を行うきっかけがつかめない層に対する学習機会の提供という点で有用である。情報端末やインターネットを使った生涯学習をしたいと思うか聞いたところ、「思う」とする者の割合が約半数に達してい

るとする調査結果もある[(9)]。

一方で、学習成果の一層の向上に資するため、一連の学習のカリキュラムの中に、ｅラーニングによる講座の配信に加え、座学による講座を盛り込むことや学習者間の交流の機会を設けるような工夫も必要である。その際、必要に応じて、ネットワーク形成に資するウェブサイトを運用（併用）することも有効であろう。

５．社会教育計画の策定を検討するに当たって

これまで取り上げたICTを活用した取組を社会教育計画の中にどのように組み込んでいくか、また、どのような点に注意していくべきかを考えていく。

ICTは、学習の形態を導入、過程、成果と分けて考えた場合、例えば、導入は学習者の呼び水としての利用や学習機会の提供、過程は講義の実施やｅラーニングによる学習コンテンツの配信、成果は事業の実施によって得た様々なデータや学習者による学習成果の公表といった形でそれぞれを具体化しやすいツールであると言える。

一方で、ICTの導入には、どうしてもコスト（予算）の問題が付きまとう。以前と比べ、デジタルデバイスの価格も、ネットワークの価格も低廉になってきたとはいえ、ドッグイヤーと言われるほど陳腐化するまでのサイクルが短い特徴を有するため、一過性の事業にならないよう、また、身の丈にあった事業が継続的に実施できるよう、予算規模を勘案しつつ、適切に事業を企画する必要がある。

社会教育計画では、投入した予算や資源（インプット）に対して、どのような結果・成果（アウトプット、アウトカム）を得たかを十分に考慮する必要がある。ICTを活用した事業は、予算規模からいってもインプットは大きくなりがちなので、事業の継続性も考えつつ、それに見合ったアウトプット、アウトカムを事前によく検討しておく必要がある。

例えば、社会教育においては、平成18（2006）年の教育基本法改正や平成19（2007）年の中央教育審議会答申によって「知の循環型社会」が示されて以降、地域住民の参画によって学習の成果を活用した地域の課題解決が１つのモデルとなっているが、ICT を活用した事業を考えた場合においてこのことを考慮すると、例えば、以下のような流れが考えられる。

①ICT を活用した魅力ある講座を提供する。
→②地域住民が学習に関心を持つきっかけになる。
→③ICT を活用しつつ、地域住民のネットワークを形成するきっかけをつくる。
→④形成したネットワークを活用し、さらに学習機会の広範な提供を図る。
→⑤学習の成果が社会に還元されることが期待される講座を開設する。
→⑥学習の成果が地域課題の解決につながる事例を積み上げる。
→⑦地域の教育力が向上する。

以上をふまえつつ、ICT のもつ特性を十分に参酌した上で社会教育の事業展開を検討することが望まれる。

第４節 地域防災と社会教育計画

１．地域防災と防災教育

災害対策基本法は、市町村の防災会議に対し地域の実情に即した地域防災計画の策定を義務付け、計画に定めるべき事項を提示している。学びを通して人づくり、地域づくりを担う社会教育が、災害による被害の防止や軽減を図る地域防災に貢献できるのは、主に、法に例示された計画事項の中の「教育及び訓練その他の災害予防」であり、公民館等での防災教育による、災害に強い人づくりと地域づくりの側面である。

２．防災教育の目的

防災教育の目的は、学びを通して「災害に強い人間を育てること」及びソフト面での「災害に強い地域をつくること」である。「災害に強い人間」とは、自己の責任によって災害から身を守るという自助の精神と、災害時に自ら考え、判断し、行動する態度や能力を備えた人間のことである。

一方、「災害に強い地域」とは、災害時に相互に助け合い、被害を最小限に食いとめることができる地域のことである。そのような地域に必要なのは、いざというときに、互いに協力し合って身を守るという共助の精神と実践的な態度を備えた住民であり、日常的な住民の絆やソーシャルキャピタルの蓄積である。さらには、地域で組織的な対応を可能にする防災リーダーの存在である。

３．社会教育における防災教育の現状

文部科学省の社会教育調査によれば、公民館における地域防災対策・安全に関する教室・講座は、平成26（2014）年度には約2,200件開催され、約12.3万人が受講した。平成22（2010）年度よりも約480件、約3.6万人増加している。

平成23（2011）年の東日本大震災後には、防災を喫緊の地域課題として位置付け、防災・減災に直接に関わる講座や住民対象の避難訓練を実施する公民館等が増えている。防災講座では、防災に関する講演や災害図上訓練、防災マップの作成、地域の防災リーダーの育成などが行われ、指定避難所になっている公民館等では、住民参加による避難所の設営訓練や運営マニュアルの作成などが行われている。

４．防災教育の方向性と視点

⑴　防災・減災の視点からの整理

公民館等は、学びを通して、共助の基本である人と人との関係づくり、特に顔の見える関係づくりに貢献してきた。また、地域学や地元学などの講座、あ

るいは地域の歴史や文化などを活用した各種の学習支援事業を通して、防災教育の目標の１つである「地域のことをよく知ること」や「地域の正しい生活習慣を学ぶこと」の機会を提供してきた。これらの多くは、防災教育として位置付けられていないものの、結果として、「持続的に減災に取り組む生活文化を醸成する役割」を果たしてきた。今後、公民館等は、これまで行ってきた事業等を防災・減災の視点から整理して防災教育の体系の中に位置付け、必要に応じてプログラムを新たに開発したり、修正したりする必要がある。

⑵　プログラム・教材開発の視点

①「自ら考える」体験型プログラム

災害は予測を超えた被害をもたらす場合があることから、想定される危機に対応できるための知識や技術のみならず、想定外の事態にも柔軟に対処できる判断力や適応力などの備えが必要である。このような力は、体験的な活動の中で、自分自身で考えることを通して身に付けられることから、「自ら考える」を重視した体験型の防災教育プログラムの開発が必要である。

②楽しくてためになるプログラム

これまでの防災教育の取り組みは、学習の必要性の自覚にうったえかけて参加者を獲得しようとしてきたが、防災・減災への関心が高まっているとはいえ、この視点からだけで参加者を増やすことはむずかしい。民間企業や NPO の中には、震災を機に開発された「クロスロード[(10)]」や「仙台発そなえゲーム[(11)]」のように、防災訓練をゲーム化して、参加者が意欲的に取り組めるように工夫しているところがある。また、「楽しい」や「おしゃれ」など、防災とはこれまで無縁の要素を取り入れ、「楽しくてためになる」、「おしゃれに学べる」活動を展開して、多くの参加者を得ている取り組みもある[(12)]。公民館等においても、従来の防災教育のイメージにとらわれない、柔軟な発想を取り入れた新たなアプローチが必要である。

③地域性と普遍性を備えた教材の開発

防災教育の推進には、教材の開発が必要である。地域に適した教材は地域で作成しなければならず、社会教育はこの役割の一端を担うことができる。例えば地域の歴史を掘り起こすことによって、過去の災害時の被災体験やそこから導きだされた教訓がみつかる場合がある。その時の状況や成功体験・失敗体験などが今後の防災や減災に役立つことから、それらを記録に残し教材として活用できるようにする必要がある。また、作成された教材を活用した講座やフォーラム等を開催することで、過去の体験や教訓を地域全体で共有することが可能になる。

なお、人の移動が広範でしかも激しい社会では、現在の居住地域以外でも災害に会うリスクがある。そのため、防災教育では、地域に特有の災害だけでなく、幅広い災害のリスクを扱うことが必要である。地域防災では、地域性が重視される傾向があるが、普遍性も防災教育の重要な視点である。

⑵　地域ネットワークの強化

公民館には、学習支援事業への参加をきっかけに、終了後も施設を利用している住民や、活動の拠点として活用している団体等が存在する。そのような住民や団体とのつながりがあることが、公民館等の強みであり、この強みを生かして各種の団体や個人をコーディネートし、日常的な顔のみえる関係を築くことが、災害に強い地域の基盤づくりとなる。そこでこのような機能を強化するために、地域の住民や団体が気軽に利用できる共同の空間と機器等を備えたプラットフォームを設けるなど、日頃から地域の住民や団体が公民館に集い交流できる環境づくりが必要である。

⑶　参画型防災教育の推進

防災教育へ住民が参画することで、生活の実態に即したプログラムが作成される。また、参画のプロセスそのものが住民にとって学習機会となり、参画した住民の中から防災の担い手やリーダーが生まれる。このような効果が期待できることから、住民参画型の防災教育を推進する必要があるが、今後、特に参画が期待されるのは中学生や高校生である。東日本大震災では、地震発生直後から、中学生や高校生の活躍する姿が随所でみられた。高齢者が多い地域における昼間の災害で、減災の力になり得るのも中学生や高校生である。したがって、中学生や高校生が「地域社会の一員」として、防災教育に主体的に参加・参画できる環境を学校と連携して整えることが大切であり、このような取り組みを通して、大人や高齢者と中学生や高校生との日常的な顔のみえる関係が築かれる。

⑷　防災教育の推進体制を強化する

地域での防災教育を推進するには、拠点となる施設が必要である。防災教育の内容が住民の生活全般に及ぶことから、これを担えるのは、これまで多様な学習の機会を提供してきた公民館等である。しかし、一方で、防災教育には専門性が必要であることから、公民館等は自前で事業を実施することが難しく、行政の各部局や機関、社会教育関係団体、NPO、民間企業などとの連携・協働が不可欠である。例えば、避難訓練や防災マニュアルの作成などでは、消防や福祉部局など、地域防災に関係する地理的条件や気象条件についての学習では、行政の各部局や出先機関、大学等の専門家などとの連携が必要である。

また、公民館以外で実施されている地域の各種防災事業に対して、公民館等が積極的に関わることも重要である。例えば、地域の防災活動の中には、毎年同じ内容が繰り返されたり、学習性に欠けたりする場合が少なくない。公民館等はそのような事業に対して、社会教育の強みである学習者の組織化や学習成果の活用、参画型学習事業プログラムの開発などの支援機能を発揮することで、学習の視点から、既存の事業をブラッシュアップすることができる。公民館等の職員が出前で防災事業に関わることで、事業が活性化し地域全体の防災教育の充実が図られる。

防災・減災は喫緊の地域課題であり、防災教育は、地域課題解決型の学習支援事業の１つである。このタイプの学習支援事業は、これまで必ずしも成功してきたとは言えないが、震災をきっかけに、共助の重要性が多くの人たちに認識されるようになったことから、防災・減災を切り口にすることで、住民を巻き込みやすい環境が整いつつある。まずは、防災教育を通して、地域ごとに課題解決の手法を確立すること、そして、それを他の地域課題の解決にも役立てることが重要である。課題解決の手法を確立しそれを活用してまちづくりを行う地域こそが、本当の意味での「災害に強い地域」になる。

第５節　ネットワーク型行政と社会教育計画

１．ネットワーク型行政とは

ネットワーク型行政という言葉が最初に使用されたのは、生涯学習審議会答申「社会の変化に対応した今後の社会教育行政のあり方について」（平成10（1998）年９月）であった。生涯学習社会の実現の中で、人々の各種学習活動を社会教育行政のみならず、学校教育や首長部局と連携して、あるいは生涯学習施設間や広域市町村間の連携によって、総合的に支援していく仕組みが重要であるとし、それをネットワーク型行政と呼んだ。学習に対する個人の自発的意思を尊重しつつ、学習需要の多様化に対して社会教育行政が中心となって学習機会の提供を手厚くしようとする社会背景が垣間みられる。

中央教育審議会答申「新しい時代を切り拓く生涯学習の振興方策について――知の循環型社会の構築を目指して――」（平成20（2008）年２月）では、ネットワーク型行政をめぐる状況はすでに転換点を越えていた。平成18（2006）年の改正教育基本法と関連付ければ、社会教育は個人の要望や社会の要請に応える教育であり、従来ともすると個人の要望に偏っていたものを、社会との関わりで捉え直しをしたということができる。同答申で記載されているネットワーク型行政の目的に、地域の教育力向上や課題解決等が掲げられていることからも政策転換は明らかであった。

また、「第6期中央教育審議会生涯学習分科会における議論の整理」（平成25（2013）年1月）においては、社会教育行政があらゆる教育主体と「連携・協働」を推進することで、ネットワーク型行政の要として確固たる役割を果たす必要性が説かれ、このことが社会関係資本（ソーシャル・キャピタル）の構築、すなわち強い社会づくりにつながることが述べられている。一方、教育再生実行会議においては、平成25（2013）年に4次にわたる提言が矢継ぎ早に出され、平成26（2014）年までに5次の提言が行われた。我が国の教育制度の根幹をなす教育委員会制度の見直しや学校教育を中心に従来から抱えてきた課題について早期解決・改革を求めたのである。さらに、「第2期教育振興基本計画」が閣議決定（平成25（2013）年6月）され、社会教育分野では「絆づくりと活力あるコミュニティの形成」の中で、地域で学校を支える体制づくりの強化や家庭教育支援を含む社会教育推進体制の強化が指向されている。

最新のものとして、「第6期中央教育審議会生涯学習分科会における議論の整理」（平成25（2013）年9月）では、「社会教育行政の今後の方向性をネットワーク型行政の推進を通じた『社会教育行政の再構築』として」まとめられた。とりわけ、社会教育主事が専門職員としてネットワーク型行政の要となることが強調され、その役割を果たすためにコーディネーション（coordination）、ファシリテーション（facilitation）、プレゼンテーション（presentation）等の能力の獲得が必要不可欠であるとした。

2．ネットワーク型行政を牽引するとは

ネットワーク型行政の目的が、地域の教育力向上や課題解決等に移行してきたことには触れた。社会教育計画を考える上で、もう少し具体的なイメージを

追ってみたい。例えば、「地域総がかりで子供を育てる」というスローガンが掲げられているとする。その中心にあるのは他でもない「育てるべき子供」である。「地域総がかり」というかけ声は、「子供の育成に関して地域全体で責任をもちましょう」、「地域の子供にみんなが当事者意識をもって接しましょう」ということである。

ここでは地域と言っているが、広く呼びかけても力を貸してくれる人はそう多いわけではない。総がかりにするためには、地域団体や人材をより多く知った人が個別に働きかけ、ネットワークへと広げ、活動に結ぶようコーディネートすることが必要となる。社会教育関係職員はもちろんのこと、学校支援地域本部や放課後子供教室等のコーディネーターにも期待される役割である。このように、地域の多様な主体に働きかけて事業展開していくこともネットワーク型行政の範疇である。

ところで、ネットワーク型行政が社会教育行政の目的ではないことを確認しておきたい。社会教育における学習や活動にあっては、喜びや満足感も大切な成果指標であるが、その成果が将来的に何に結ぶかというアウトカムの方がさらに重要である。学習者の生き方にどのような影響を与えたか、地域住民の関係性をどうつくれたか、地域社会の変容をどう導いたか、などがそれにあたる。学習後すぐに現れる効果ではないが、これを狙わなければネットワークも事業連携も薄っぺらいものになる。

ネットワーク型行政がさらなる効果を生み出すためには、社会教育関係職員やコーディネーター等が相互につながる必要がある。市町村域で彼らをつないで交流させたり、資質向上のための研修を提供したり、個別の相談に乗ったりするのが社会教育主事ということになる。これらの環境が整うことによって、社会教育でつくられたネットワークが生きてくるのである。

3．ネットワーク型行政と社会教育計画

ネットワーク型行政は、今後の社会教育計画にどのように反映されるのだろうか。学習課題として列挙するならば、生涯学習審議会答申「今後の社会の動向に対応した生涯学習の振興方策について」（平成4（1992）年8月）で提言された現代的課題がそれに該当するだろう。当時は、健康、消費者問題、まちづくり、高齢化社会、環境、資源・エネルギー等が例示されていたが、課題の質は異なっていても領域は今と大きく変わってはいない。これらの課題には語尾に「問題」と「教育」の両方が付いても違和感がないところに共通性がみられる。行政で言えば、顕在化してきた問題に具体的に取り組む一般行政と、問題が起きないように学習課題化して機会を提供する教育行政とが併存していることと重なってみえる。このことが縦割行政と批判される状況をつくりだしている。この状況を打開するのがネットワーク型行政であり、お互いの強みを生かした取り組みへとつなぐことが求められている。この脈絡で言えば、行政的には生涯学習推進計画等とした方が実効性が出てくるのだろう。

これまで社会教育行政がその取り組みの中で築いてきた、地域課題の学習課題化や学習機会提供と学習者の組織化、社会教育関係団体の支援による人材育成、社会教育活動を通したまちづくり・ひとづくり、地域行事・イベント開催における地域住民との連携等、豊かな財産をどう生かしていくかという視点も重要である。地域文化や伝統をどのように継承していくのか、行政と地域住民や団体との関係はどうあればよいのか、地域の枠組みが大きく変わった平成の大合併から時が経過した今、再考する時期にも来ている。公共の担い手としての地域住民の育成や、行政のスリム化と業務の転換、これらもトータルに検討しつつ、大きな社会教育計画をつくる必要があろう。

一方、問題点がないわけではない。社会教育関係職員がネットワーク型行政を意識した職務をしようとしても、必ずしも相手方はそれを欲していないかも知れない。教育行政と一般行政という独立を建前とした組織を、担当者レベル

で容易につなげられるかというと困難が予測される。そもそも行政組織はライン（縦割）であり、意思決定や予算執行が別系統で動いているものを事業によっては一本化するなどの柔軟な調整ができるのかどうか、疑念も生じる。行政の新たなスタイルをつくっていくためには、民間団体や地域住民との協働も巻き込む形で動かすしかないだろう。

ネットワーク型行政は、社会教育行政や社会教育計画を考える上で大きなインパクトをもっている。住民目線で社会教育を考えたとき、また地域課題の取り組みや解決を考えたとき、社会教育の構想と計画が不可欠となる。多くのステイクホルダー（stakeholder　利害関係者）を巻き込み、議論する必要があろう。

第６節　NPO 等と協働する社会教育の計画

１．社会教育の担い手・支え手

社会教育の推進を考えた場合、民間の教育団体や NPO 法人は無視できない存在となった。かねてより、子供会・育成会、ボーイ・ガールスカウト、青年団体、PTA、婦人会、老人クラブ等の社会教育関係団体[13]は、社会教育行政と二人三脚で社会教育活動を支えてきた。また、これらの団体は地縁を基盤としており、地域の祭りや年中行事、まちづくり活動の担い手としても存在感を示していた。現在、社会教育関係団体に限らず地縁団体に共通する課題として、加入者減による組織率の低下や高齢化からくる活動存続の危機があげられる。その要因の１つとして、人間関係のわずらわしさから距離を置く、地域住民の関係性の希薄化が考えられている。

一方、NPO 法人に目をやると、平成10（1998）年の特定非営利活動促進法の成立以降、平成26（2014）年末までに約５万の NPO 法人が認可されている。この間、解散数が９千を上回っており、NPO 法人の組織や財源の脆弱性も指摘されている[14]。しかしながら、NPO 法人は団体の明確なミッションの達成に向けて、各地で様々な活動を展開しているのも事実である。実質的な活動は特定のエリアで行う団体が多いが、必ずしも地域にこだわっているわけではない。その意味で、新しいコミュニティの台頭と捉えられるし、これまで社会教育で十分捕捉してこられなかった人材がリーダーシップを発揮して活動していることは特筆に値する。

法人格をもたない市民活動団体がこの何倍も存在することを考慮すると、市民活動の潜在能力には計り知れないものがある。行政と市民活動との関係は、かつての緊張・対立関係から、多様な市民活動の普及・支援の関係へ移行し、今後は両者の成熟した協働の関係へと発展することが期待されている。背景には、市民活動団体の多くが志の高いボランタリーな活動からはじまったものが多く、上でも指摘したように課題への関心は高く、解決へのノウハウはあるものの、団体の持続可能性や組織マネジメントに長けているとは限らない。行政の組織的には市民活動・市民参画のセクションが協働への取り組みの責任を負うのであろうが、教育プログラムや学習支援の観点から、社会教育行政の出番も大いにあると考えられる。

２．協働の形態

協働とは「協力して働くこと。」（『広辞苑』第六版）とされ、コーポレーションやコラボレーションの概念に近いとされる。協働の主体は明示されていないが、近年の用法や動向を見ると「福祉・防災・環境・地域振興など地域が抱える様々な課題に対して、市民と地方公共団体が協議し、役割を分担しながら解決していく取り組み。」（『デジタル大辞泉』）のように、民間セクターと地方公共団体（行政）との協働が中心に議論されることが多い。

そこで、「民間と行政との協働」の関連で協働の形態を大きく３つに整理してみた。１つめはアウトソーシング（outsourcing　外部委託）である。これまで行政が住民サービスとして実施してきた業務を、コスト削減効果を期待して民間に委託するのである。財源は行政にあるのだが、行政職員が直接実施しなくなることで人件費が抑制でき、さらに職員も削減されれば行政のスリム化に近づくのである。

２つめは、事業ベースでの連携協力型の協働である。NPO 等は、特定の課題への深い理解とその解決へのノウハウを一定有しているのだが、財源に乏しく思うような事業展開ができない。行政は、地域の現状分析とともに全国の各種データから課題を認識し、国の方針などにも沿いつつ財源の確保はできているが、ノウハウとマンパワーに欠けている。両者が協力して事業に取り組めば、強みが組み合わさり、事業が効果的効率的に実施できるのである。

３つめは、指定管理者制度である。地方自治法第244条の２の改正で指定管理者（法人その他の団体であつて当該普通地方公共団体が指定するもの）によっても公的施設の管理ができるなど規制緩和が進められた。生涯学習センターや公民館、博物館、図書館等の社会教育施設もその対象であり、実際に指定管理者に業務委託している施設もある。公民館に至っては、コミュニティセンターやまちづくりセンター等に移管された後に、委託するケースもある。

行政評価が定着し、教育行政においても短期的な成果を数値化して公表することが要請されている。結果が重んじられる社会では、教育委員会制度や教育行政の中立性等の議論は、一般に意味あるものとして伝わりづらい。住民サービスが向上すれば、住民自治がより具体的になれば、そして地域の活性化が進めば、プロセスにこだわる必要はないということになる。問題がないわけではないが、そのような状況の中で、教育行政も民間との協働を推し進め、社会教育の発展に寄与する必要がある。社会教育の計画に住民の意向が反映されるよう、協働を通して相互理解を深め、信頼関係を築き、地域教育力を高める取り組みが求められている。

3．協働のプラットフォーム

NPO 等との協働には、参画するステイクホルダー（利害関係者）が目的を共有すること、対等の立場でミッションを達成するために連携協力することが不可欠となる。NPO 等の中には、人権問題、環境問題、国際理解・貢献、地域福祉等の現代的課題に取り組む団体が多く、その意味で行政にはない人材とノウハウを蓄積した NPO 等の活力は魅力的であり、事業の企画や実施においても高いポテンシャルが期待できる。

近年、プラットフォーム（platform）という言葉が普及してきた。プラットフォームには、課題意識をもったステイクホルダーが集える場、その課題を学習課題に変えて学べる場、課題解決に向けた様々なプロジェクトが提案される場、その中から実現性の高いプロジェクトが選択され実行に移される場、などが想定されている。加えて、それらをコーディネート（coordinate）できる人材の存在が鍵を握る。かつての共同体社会が力を失う中で、市民社会を形成する力をもった団体や個人がつながる場は、ますますその需要性を増すだろう。

このように、プラットフォームは場であり、機能でもある。これを継続的に維持発展させていくとなると、困難も予測される。例えば、これが行財政改革やコスト削減という考えの下で実施されれば、行政以外のステイクホルダーは無償もしくは低賃金で住民サービスの提供者となり、常識的に判断して継続はおぼつかないだろう。地域課題解決にかかるコストや公正な税金の再配分を根本的に考え直さなければならない局面を迎えている。どこがプラットフォームとなり、誰がコーディネーターの役割を果たし、どのようなネットワークを駆使してよりよい地域づくりをしていくのか。社会教育計画を越えた地域計画の色彩が濃くなるかも知れないが、ネットワーク型行政の要を標榜する社会教育がその体制づくりに大いなる貢献をすることが望まれる。

第７節　大学と連携する社会教育計画

１．大学の社会貢献――第三の使命――

大学と社会教育の連携領域にはおおよそ３つがある。①社会人の大学教育へのアクセスの拡充、②公開講座等、地域における学習支援サービスなど大学開放、③大学の教育機能との連携、である。①は、社会人入試や科目等履修制度[15]、昼夜開講制など、社会人の事情に配慮した制度の弾力化を図り、多くの社会人を学生として受け入れようとするものである。②は公開講座など社会人を対象とした学習プログラムの開発・提供である。滋賀県・市と滋賀大学等とが連携する「淡海生涯学習カレッジ[16]」などの先行例がある。また、平成19（2007）年度に学校教育法が改正され、「公開講座等とは違う高い質を保証したプログラム」（学修時間120時間以上）を行政や民間と連携して実施し、その学修成果を大学が「履修証明（certificate　サーティフィケート）」できる仕組みが制度化された。地域人材育成のためのプログラムなど、各大学で実施されはじめ、大学によっては独自の資格付与を行っている例もある。先の滋賀大学の例で言えば、「環境学習支援士」養成プログラム[17]を開発・実施している。

大学には３つの使命があるとされる。教育、研究、社会貢献である。かつては教育や研究の成果を通じて、社会に貢献するという整理が大学関係者の中でよく言われていたが、今日ではより直接的で目に見えるかたちでの（地域）社会貢献が強く求められている。平成17（2005）年中央教育審議会答申「我が国の高等教育の将来像」では「教育や研究それ自体が長期的観点からの社会貢献であるが、近年では、国際協力、公開講座や産学官連携等を通じた、より直接的な貢献も求められるようになっており、こうした社会貢献の役割を、言わば大学の『第三の使命』として捉えていくべき時代となっているものと考えられる」と提言し、各大学も社会貢献機能の強化に積極的に取り組んでいる。

2．大学と地域がつながる――COC 構想――

大学と社会教育との連携はこれまで主に上記②の領域で考えられ、取り組まれることが多かった。つまり、大学側にとっては、大きな意義を認めつつも、ある種、「一方的な貢献」を越えるものではなかったが、③は大学自身が抱える学生の教育の問題について、地域と連携しながら解決しようという、取り組みである。

今日、大学改革の最も重要なテーマが大学教育の「質的転換」である。平成24（2012）年中教審答申「新たな未来を築くための大学教育の質的転換に向けて」では、これまでの知識の伝達・注入を中心とした受動的な教育の場であった授業の「学生が主体的に問題を発見し解を見いだしていく能動的学修（active learning　アクティブ・ラーニング）」への転換」を提言した。具体的には問題解決学修（PBL: Problem/Project Based Learning）など学生の主体性・能動性を引き出す、実践的な授業の展開を強く求めている。このために、地域という場、地域の様々な人材、地域が抱える問題（テーマ）が大学にとっての教育資源として浮上してきた。

山形大学では山形県最上広域圏８市町村との連携によって、広域圏をキャンパスに見立てて、大学と地域の連携による授業を行う「エリアキャンパスもがみ」事業(18)を行っている。演習２単位の選択科目として、平成26年度には新庄市「日本一の山車パレード・新庄まつり」、金山町「目覚めよ！谷口銀山」、舟形町「里地里山の再生」など、前後期合わせて26のプログラムが実施されている。山形大学では「大地連携」という言葉を使っているが、市町村にとっては地域の人材育成と活性化、大学にとっては学生の課題探究能力等の育成を目的とした「地域の活性化と大学教育の充実をつなぐ」取り組みである。地域と大学の関係は大学が地域に貢献するということから、大学の教育機能の拡充のために、大学にとっても地域との連携が必要だという双方向の段階を迎えていると言える。

表2－1　COC事業のコンセプト

背景
〈大学に対する期待〉
　○**地域の課題解決に応える教育研究を行ってほしい。**
　○学生が**地域社会に出てから役立つ学び**に力を入れてほしい。
　○教員個人のつながりから、**大学が組織的に取り組む連携体制に発展させてほしい。**
　↓
〈大学が地域の課題解決に取り組む意義・効果〉
　◎**大学が地域の再生・活性化に貢献**
　○大学が地域の課題をより直視→**教育研究の活性化**
　○学生が地域の課題解決に参画→学生の**実践力育成**

支援対象と目標
・自治体等と連携し、**全学的に地域を志向した教育・研究・社会貢献を進める大学**（短大・高専を含む）が対象。
・学内組織が有機的に連携し、「地域のための大学」として**全学的に地域再生・活性化**に取り組み、**将来的に教育カリキュラム・教育組織の改革**につなげる。
・**地域の課題（ニーズ）と大学の資源（シーズ）のマッチング**や**自治体・大学の協働**による**地域振興の取組**を進める。

※文部科学省・COC事業説明資料から作成

平成24（2012）年に公表された国（文部科学省）の「大学改革実行プラン」[19]の中に「地域再生の核となる大学づくり（COC　Center of Community）構想の推進」が盛り込まれ、具体的には「地域と大学の連携強化」、「大学の生涯学習機能の強化」等が例示された。このCOC構想を推進するために、大学が取り組むリーディング・プログラムに経費助成する「地（知）の拠点整備事業（COC事業）」が始まっている。各都道府県少なくとも一校以上の大学等が採択され、全国で取り組みが始まっている。これまでともすれば散発的・局所的であった連携場面を、有機的につなげ、全学的に地域を志向した取り組みを進めようとするものである。[20]

3．学生がキーワード

社会教育の側から大学に仕掛ける連携を考えるとき、今後は学生がキーワードになる。大学にとっては先にあげた大学教育の改革・充実という視点で、地域にとっては学生ボランティアなど地域の問題解決のための人材という視点で。

１つの例をあげる。青森県総合社会教育センターが実施・運営している「高大連携キャリア・サポート事業」（以下「キャリサポ[(21)]」）である。大学生ボランティアが県内の高校を訪問し、高校生とともにワークショップを行い、高校生の進路選択、キャリア形成を支援しようという事業である。親でも教員でもない、高校生と大学生という「ナナメの関係」に着目した取り組みである。

ここでは、どうやって大学生を計画的・継続的に確保することができているか、大学との連携はどうやって進められているかについて報告したい。一般に学生ボランティアを募集する場合には青少年教育施設のように公募し、学生個人が登録する、つまり一人一人である。「キャリサポ」は、公募で集まってきた大学生たちがある程度の数になった段階で、大学毎にサークル（課外活動団体）登録を奨励し、これらサークルをまとめた学生たちの自主的な組織（キャリア・サポートクラブコンソーシアム（通称：キャリサポ連合））を立ち上げてもらい、その事務局を総合社会教育センターが担当するという仕組みをつくりあげた。各大学がそれぞれ学内のサークルに経費助成や施設・設備の提供など様々な支援を黙ってても行ってくれるし、学生たちによるサークル勧誘がそのまま学生ボランティアの確保につながっている。

また、こうした学生たちの活動が、能動的学修の導入に積極的な大学側の目にとまるようになり、その活動自体が１つの PBL だと気が付きはじめ、大学の正規の授業（科目）とするようになった。弘前大学はじめ県内４大学が単位化している。

つまり、「キャリサポ」は県事業であり、大学生たちのサークル活動であり、大学の授業ともなったわけである。これと同じようなことを計画段階で、大学側に説明に行ってもおそらく実現化は難しかっただろう。まず大学生たちを固まりでつかまえ、そこを基点に徐々に大学との連携を引き出していった取り組みとなっている。

現在、多くの大学がCOC事業をはじめ地域との連携に取り組んでいるが、実際にはそれを実現できる手立て・知恵をもっている大学はそう多くない。そこに社会教育行政によるコーディネートの場面がある。

第8節　エビデンスと社会教育計画

1．エビデンスが求められる理由

エビデンス（evidence）という言葉は、証拠や根拠、科学的根拠、さらには有効性を証明する科学的根拠などの意味で使われている。保健医療分野では以前から科学的根拠が求められてきたが、特に1990年代頃から「エビデンスに基づく医療」が国際的に推進され[(22)]、その考え方は教育、福祉、司法等の様々な領域に波及した[(23)]。ここでは、主として“有効性を証明する科学的根拠”の意味でエビデンスを取り上げ、社会教育計画との関係についての基本的な考え方を述べることにしよう。

エビデンスに基づく社会教育計画といった場合は、思いつきや主観的な判断で社会教育計画を策定するのではなく、政策、施策、事業等の有効性についての根拠を科学的手続きを踏んで明らかにし、その結果に基づき計画を策定することを言い、計画書にはその結果を根拠として記したりする。エビデンスが求められる理由としては、

①何らかの成果が期待できるので、実施して失敗に終わるなどの無駄を省くことができる

②説得力を持つので、住民の支持を得ることができる

③予算を獲得しやすい

④アウトカム指標を設定しやすい

等があげられる。

2．社会教育計画とエビデンスの関係

ここでは、年間事業計画（単年度計画）を例にとって、計画とエビデンスとの関係を考えてみよう。

社会教育事業の分類には多様な仕方があるが、新規事業と継続事業に大別することができる。その内の新規事業を社会教育計画に盛り込むときにはエビデンスに基づき計画を策定することが求められる。また、エビデンスを示すことは予算を確保する上でも必要とされている。一方、継続事業の場合は、理論上ではその事業が最初に計画されたときにエビデンスに基づき計画され、当該年度計画の終了時に評価、改善がなされ、その改善されたものが次年度計画に盛り込まれるので、次年度計画の段階で改めて新たなエビデンスが必要とされることは基本的にはないであろう。ただし、最初のエビデンスが有効性の根拠とならなくなった場合には、新たなエビデンスが必要となる。

図２−２は社会教育計画とそれに影響を与える主な要素との関係の中で、エビデンスがどこで求められるかを示したものである。社会教育計画に影響を与え

図２−２　社会教育計画に影響を与える要素とエビデンスの関係

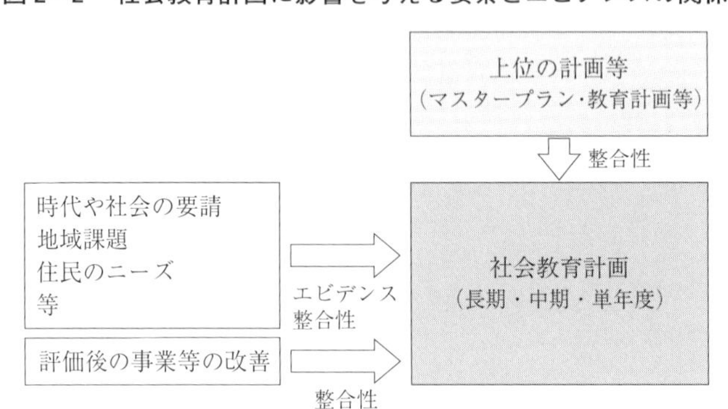

るものとしては、まず**図２－２**の社会教育計画の上に記した上位の計画等があげられ、さらに左に記した時代や社会の要請や地域課題、住民のニーズ等、および前段階での改善の結果等があげられる。新規事業の場合、そのうちの時代や社会の要請や地域課題、住民のニーズ等との関係で有効性を明らかにすることが求められる。エビデンスに基づく社会教育計画といった場合は、主としてこのところを言う。

継続事業の場合は図中の左下にあげた前段階での評価後の事業等の改善との整合性が問われることになる。なお、**図２－２**では、最初のエビデンスが有効性の根拠とならなくなった場合については取り上げていない。また、上位の計画等との関係については、上位の計画等が策定されるときに既にエビデンスに基づいて検討されるので、ここでエビデンスが求められることはない。

エビデンスと社会教育事業計画との関係について具体例をあげて説明することにしよう。行き過ぎた経済優先の風潮の下で家族が解体し子供たちが孤立する傾向が強まっているとする。そのような子供への教育的支援や家族関係の再構築を図る家庭教育支援が社会的に要請され、社会教育計画で子供の居場所づくりや家庭教育講座の開設等を取り上げたとする。その場合のエビデンスとしては、指標として子供の孤食の頻度、親子の会話の頻度、子供による家庭内暴力事件数等をあげ、子供の居場所づくりや家庭教育講座等の事業を実施することによりそれらの指標の数値が改善されることを、試行等によって明らかにすることがあげられる。これは年間事業計画（単年度計画）の例であるが、長期計画、中期計画についても同様である。

３．指標とエビデンスとの関係

次に、上であげた指標とエビデンスとの関係について簡単に触れておこう。

指標については、詳しくは第３章で説明するが、社会教育計画を策定するときには目標値の設定に関わるため、この段階で評価指標を設定することになる。

ここでも年間事業計画のレベルで説明すると、計画段階では施策目標に照らして事業計画を立てることになるが、その際には可能な限りエビデンスに基づいて事業計画を策定することになる。エビデンスを生み出したデータは評価指標、特にアウトカム指標のすべてあるいは一部に活用することができる。上記の例で言えば、子供の孤食の頻度、親子の会話の頻度、子供による家庭内暴力事件数等はアウトカム指標になり、それらの改善された数値は目標値になる。

さらに、計画と評価には密接な関係があるので事業評価についても触れておくと、計画段階で設定した評価指標は評価段階での評価指標のすべてあるいは一部とすることができ、特に目標値をどれほど達成できたかは評価の決め手になる。このようにエビデンスに基づく計画策定は、評価指標、特にアウトカム指標の設定をも可能にするのである。

4．エビデンスの例と留意点

それでは何をもってエビデンスとするかについてであるが、量的分析の成果に限るか、その中でも実験による分析の成果に限るか、質的分析の成果まで含むか等いろいろな考え方がある。エビデンスを科学的手続の質で分類してグレード化し、一定水準以上のものしかエビデンスとして認めないという領域もあるが、教育領域にあっては何をもってエビデンスとするかについては必ずしも明示されているとは言えない[(24)]。社会教育計画策定の際にもエビデンスの質は問われるであろうが、住民が有効性について納得でき、結果を伴う計画を策定することが重要なので、多くの人が納得できるという意味での客観性を有した証拠や根拠であれば質的な分析結果でもよいのではないかと思われる。まずは、住民が納得できる根拠を検討し、それを示すことの重要性を認識することの方が大事である。

そこで、ここでは、エビデンスの例として、条件を科学的に統制した他地域との比較、有効性を示す直近のデータ（アンケート調査、統計等）、有効性を表

表2－2　エビデンス例と主な分析方法と留意点

例	分析方法	留意点
外的要因（条件）の影響を除き、事業等を実施した地域と実施していない地域を比較	ランダム化比較試験（RCT）や実験計画法などで分析するビッグ・データを活用して分析する	意味のある要因（条件）を選択して統制することができたかどうかを検討する
有効性を示す直近のデータ（アンケート調査、統計等）	アンケート調査を実施する 統計資料を収集する	説得力あるデータを収集できたか、因果関係を説明できるかどうかを検討する
指標との関係 予測値	相関係数、回帰分析（単回帰、重回帰）などを使って算出する シミュレーションを行う	因果関係を説明できるかどうかを検討する
過去の事例	比較検討する	時間差による条件をできるだけそろえるようにする
モデル等となる地域や海外の事例	比較検討する	地域差による条件をできるだけそろえるようにする
⋮		

す指標との数量的関係、予測値、過去の事例、モデル等となる地域や海外の事例などを取り上げることにしよう。**表2－2**は、それらについての主な分析方法と分析する際の留意点を整理したものである。

重要なことは、エビデンスを算出する過程での信頼度や精度を示したり、事例の場合はその抽出方法を示したりして、エビデンスとした分析結果が一定の条件下で得られたものであることを明らかにすることであろう。さらに、社会的な事象にあっては厳密な意味で因果関係を確定することはできないことを認識することも大事である。実験状態をつくることはできないので、外的要因のすべての影響を排除することは不可能である。また取り上げたい要因間の因果関係を定式化したとたんに、その定式を見込んだ計画が立てられるため、その定式は次の時点では成り立たなくなることもあり得る。そのため、エビデンスを示すといってもその有効性は傾向性を示しているに過ぎないという限界を認識する必要があろう。

注

(1) 地域再生のための新たな価値創造の取り組みとしては、地域ブランド、第六次産業、コミュニティデザイン、インバウンド観光、ジオパーク、日本で最も美しい村といったキーワードをあげることができる。教育の分野においては、放課後子どもプラン、学校支援地域本部、コミュニティースクール、地域とともにある学校など学校を核としたキーワードがある。こうした取り組みは行政とともに、地域住民を含めた様々なセクターの参加によって推進することが可能となる。

(2) 「平成26（2014）年度文部科学白書」では、①まちづくりや商店街活性化など大学や学生が参加した地域活性化策、②防災人材のスキルアップなど地域を担う人材の育成や社会人の学び直し支援、③金属加工の技術開発支援など地域の企業等のニーズに応じた産学官連携の取り組みといった例をあげ、地域の再生・活性化に大きく貢献していことを紹介している。

(3) 中央教育審議会答申「新しい時代を切り拓く生涯学習の振興方策について――知の循環型社会の構築を目指して――」（平成20（2008）年２月）では、「学習には各個人がその興味や関心に基づき、自らを深めるために行う個人的な活動としての側面があるが、このような国民の学習活動を促進することは、国民一人一人が、充実した心豊かな生活を送り、また、職業生活に必要な知識・情報・技術等を習得・更新することにより経済的にも豊かな生活を送ることを可能とするものである。また、同時に、このことは社会を支え発展させることができる国民一人一人の能力を向上させることにつながるものであり、これは、ひいては社会全体の活性化を図り、我が国の持続的発展に資するものである。」と指摘している。

(4) 10年後の世界・アジアを見据えた日本全体のグランドデザイを描き、その実現に向けた戦略を策定すべく、産業界労使や学識者など有志が立ち上げた組織。

(5) 琉球大学「地（知）の拠点整備事業「ちゅら島の未来を創る知の津梁（かけ橋）」」事業（http://ryudaicoc.jim.u-ryukyu.ac.jp/）

(6) 日本生涯教育学会『生涯学習研究ｅ事典』（http://ejiten.javea.or.jp）における「生涯

大学システム」の項を参照

(7)　日本生涯教育学会『生涯学習研究ｅ事典』（http://ejiten.javea.or.jp）における「情報格差と生涯学習」の項を参照

(8)　総務省「通信利用動向調査」（平成25（2013）年度調査）　http://www.soumu.go.jp/johotsusintokei/statistics/statistics05a.html

(9)　内閣府「生涯学習に関する世論調査」（平成24（2012）年度調査）　http://www8.cao.go.jp/survey/h24/h24-gakushu/

20歳以上の者に対して、情報端末やインターネットを使った生涯学習をしたいと思うか聞いたところ、「思う」とする者の割合が45.4％（「思う」23.9％＋「どちらかといえば思う」21.5％）となっている。

(10)　クロスロードは、文部科学省が大地震の被害軽減を目的に進めた「大都市大震災軽減化特別プロジェクト」の一環として、矢守克也氏らによって開発された災害対応カードゲーム教材である。平成16（2004）年７月に、最初となる「神戸編・一般編」が完成した。阪神・淡路大震災で災害対応にあった神戸市職員へのインタビューの内容がもとになっており、職員が経験した「災害対応のジレンマ」の事例をカードゲーム化したものである。

http://www.bousai.go.jp/kyoiku/keigen/torikumi/kth19005.html

(11)　仙台発そなえゲームは、「市民協働による地域防災推進実行員会」が、平成24（2012）年度の仙台市「市民協働事業提案制度」を活用して、東日本大震災の経験をもとに開発した参加型ボードゲームである。参加者（プレイヤー）は、６～８人で１グループをつくって仮想の地域住民になり、「災害に備えるために、自分や地域に何が必要か・何ができるか」について、考えながら実践的に学ぶことができる。

http://www.k4.dion.ne.jp/~nikoniko/pilotproject.html

(12)　たとえば、NPO法人プラス・アーツが手がける新しい防災訓練「イザ・カエルキャラバン！」などの取り組みがある（国立教育政策研究所社会教育実践研究センター『社会教育における防災教育・減災教育に関する調査研究報告書』、平成25（2013）年３月、134-142頁）。

(13)　社会教育法第10条に「法人であると否とを問わず、公の支配に属しない団体で社会教育に関する事業を行うことを主たる目的とするものをいう。」とされている。

(14)　特定非営利活動法人（NPO法人）の最新のデータは内閣府のウェブサイトで確認できる。https://www.npo-homepage.go.jp/

(15)　科目等履修制度とは、「正規の学生でなくても、大学等の授業科目を履修して単位を修得することができる制度」であり、これにより例えば特定の資格取得に必要な科目だけを学修することが可能となった。ほぼ全ての大学で導入されている。

(16) 住岡英毅／梅田修／神部純一『地域で創る学びのシステム――淡海生涯学習カレッジの挑戦』ミネルヴァ書房、平成21（2009）年等を参照。

(17) 神部純一「大学の地域貢献に関する研究――「環境学習支援士」養成プログラムの開発と課題――」、『日本生涯教育学会論集27』日本生涯教育学会、平成18（2006）年等を参照。

(18) 山形大学「エリアキャンパスもがみ」http://www.yamagata-u.ac.jp/gakumu/yam/

(19) 文部科学省「大学改革実行プラン」は2つの大きな柱と、8つの基本的方向性から構成されている。1つ目の柱が「激しく変化する社会における大学の機能の再構築」であり、1．大学教育の質的転換と大学入試改革、2．グローバル化に対応した人材育成、3．COC 構想の推進、4．研究力強化：世界的な研究成果とイノベーションの創出である。

(20) COC 事業は、平成27（2015）年度から、地域が求める人材育成とともに、若年者の地域就職・地元定着、魅力ある就職先の創出等を目的とした、「地（知）の拠点大学による地方創生推進事業（COC+事業）」として実施されている。

(21) 田中洋一／長谷川豊「高大連携キャリアサポート事業――これまでの沿革と成果について――」、『青森県総合社会教育センター　研究紀要第25号』、平成26（2014）年等を参照。

(22) 正木朋也／津谷喜一郎「エビデンスに基づく医療（EBM）の展開から学ぶもの――EBM 普及に伴い経験した課題と解決策――」、『日本評価研究』第10巻第1号、平成22（2010）年3月、3頁等を参照のこと。『日本評価研究』第10巻第1号では「エビデンスに基づく実践の世界的動向と日本における取り組み」を特集している。

(23) 惣脇宏「英国におけるエビデンスに基づく教育政策の展開」、『国立教育政策研究所紀要』第139号、平成22（2010）年3月、155頁等を参照。

(24) 惣脇宏「より一層エビデンスに基づいた教育政策と実践を」、OECD 教育研究革新センター（編著）岩崎久美子／菊澤佐江子／藤江陽子／豊浩子（訳）『教育とエビデンス研究と政策の協同に向けて』明石書店、平成21（2009）年12月、7頁等を参照のこと。

参考文献

- 山本恒夫／蛭田道春／浅井経子／山本和人編『社会教育計画』文憲堂、平成19（2007）年4月
- 『平成28年版　高齢社会白書』内閣府、平成28（2016）年6月
- 『平成28年版　少子化社会対策白書』内閣府、平成28（2016）年8月

- 「新しい時代を切り拓く生涯学習の振興方策について――知の循環型社会の構築を目指して――」（答申）（中央教育審議会生涯学習分科会） http://www.mext.go.jp/b_menu/shingi/chukyo/chukyo0/toushin/1216131_1424.html
- 「第６期中央教育審議会生涯学習分科会における議論の整理」（平成25（2013）年１月　中央教育審議会生涯学習分科会） http://www.mext.go.jp/b_menu/shingi/chukyo/chukyo2/toushin/1330378.htm
- 文部科学省教育の情報化（社会教育分野）ホームページ http://jouhouka.mext.go.jp/lifetime.html
- 「平成23年度文部科学省委託事業　ICT の活用による生涯学習支援事業（国内における実証的調査研究）報告書」（平成24（2012）年３月） http://jouhouka.mext.go.jp/common/pdf/nifty-itc_houkoku.pdf
- 「ICT の活用による生涯学習・社会教育の好事例の収集・普及・促進に関する調査研究」（平成24年度文部科学省生涯学習施策に関する調査研究） http://www.mext.go.jp/a_menu/ikusei/chousa/
- 「社会教育計画策定ハンドブック」（国立社会教育政策研究所社会教育実践研究センター） http://www.nier.go.jp/jissen/chosa/h23_handbook_all.pdf
- 浅井経子編著『生涯学習概論――生涯学習社会への道――　増補改訂版』理想社、2013年
- 室崎益輝「地域における防災教育・減災教育の意義と必要性」、国立教育政策研究所社会教育実践研究センター『社会教育における防災教育・減災教育に関する調査研究報告書』、平成25（2013）年３月、5-14頁
- 水谷修「社会教育における防災教育・減災教育を推進する方向性・視点」、同上報告書、21-27頁
- 水谷修「被災地域における生涯学習振興」、『日本生涯教育学会年報』第34号、平成25（2013）年11月、41-57頁
- 国立教育政策研究所『教育研究とエビデンス――国際的動向と日本の現状と課題――』平成24（2012）年

第３章　社会教育計画の立案と評価

第１節　社会教育計画の意義と内容

１．社会教育計画とその意義

計画とは、一般的には、目的や目標の達成のための合理的な手段と方法を体系的にまとめたものである。これは、社会教育計画にも通じることで、社会教育計画は、「社会教育の目的を達成するために、一定期間の政策課題と優先順位を定め、その課題達成のための目標を設定した場合の、目標達成のために必要な政策手段の体系[(1)]」と定義されている。

社会教育計画は、一般には行政が策定するものを指し、約10年間程度の計画内容をまとめた長期計画、３～５年間程度の計画内容をまとめた中期計画、各年度ごとの内容の単年度計画などに分類される。

このうち、都道府県や市区町村の社会教育に関わる中長期計画をみると、○○市社会教育基本計画、社会教育総合計画、社会教育中期計画など、様々な名称が付けられている。また、単年度計画で見受けられるのは、主に各年度ごとの事業をまとめた社会教育事業計画（年間事業計画）である。さらに、社会教育事業計画の各事業ごとに目標や各回の内容などを記載した個別事業計画（第６章第１節参照）がある。これらはいずれも総称としての社会教育計画に含まれる。社会教育計画は、政策手段を用いて効果的かつ効率的に社会教育の目標を達成し、住民の教育活動の維持、向上に資することに意義がある。

２．社会教育計画以外の計画との関係

都道府県や市区町村には、社会教育計画のほかに、教育に関わる計画では、学校教育に関わる教育計画、教育全体に関わる教育計画（教育総合計画）などが

ある。また、各自治体には、地方自治法で策定が義務付けられている行政運営の総合的な指針としての総合計画（地域総合計画、マスタープランとも言う）がある。

これらの計画全体に社会教育計画を位置付けるとすれば、上位から「総合計画－教育総合計画－社会教育計画」と考えてよいだろう。社会教育計画は、教育総合計画と自治体の総合計画等の上位の計画を実現するための具体的な計画として捉える必要がある。

3．社会教育計画の特徴

社会教育計画には、自治体の行政目標の実現に資するための行政計画の一部としての性格と、人々の要求課題や社会における必要課題の解決、あるいは達成に寄与する教育計画の性格も有している。

行政計画としてみた場合の社会教育計画では、社会教育のための「環境を醸成する」（社会教育法第３条）ことが第一義とされる。社会教育を計画化する意味は、計画的に社会教育の環境整備を図ることを可能とするところにある。それに対して、教育計画としての側面が明確に現れるのは社会教育事業計画（年間計画、個別事業計画など）である。学習者の課題の解決や目標の達成を支援することを考えると、学習機会提供者側の意図とともに、学習者の要求課題や学習による到達目標は、計画策定において考慮すべき事項となる。

社会教育計画は、この両計画の性格を合わせもつことが特徴である。このことを有効に生かすことが、社会教育計画の意義を高めることになる。

4．社会教育計画の条件

社会教育計画に必要なこととして、①政策課題や目標が妥当であること、②目標と政策手段の関連に合理性があること、③目標の達成状況を評価できること、④計画策定における住民の参画、をあげることができる。そこで、これら

図3－1　社会教育計画策定のため調査

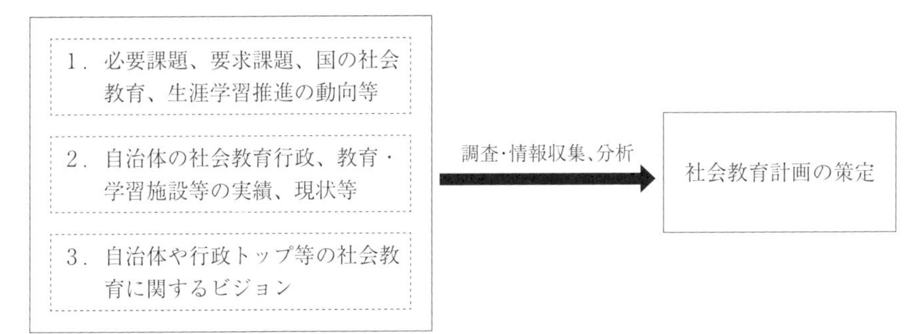

の点に基づいて、社会教育計画を策定する上で具備すべきことを掘り下げてみよう。

⑴　社会教育計画策定のための調査、情報収集、分析

社会教育の政策課題や目標および政策手段、施策等の妥当性を高めるためには、**図3－1**のような内容の入念な調査と情報収集、および分析が必要となる。第1は、地域課題や地域社会の必要課題、人々の学習要求、国レベルの生涯学習・社会教育の推進、法制度の動向等の調査で、これは今後の社会教育をどのような方向に進めていくかについて、その推進の方向性を明確にするためのものである。第2は、自治体の社会教育行政や教育・学習施設等のこれまでの実績、職員、施設、予算等の財政的な見通しの調査で、その後の自治体や社会教育行政の事業推進力を明確にするために行われる。第3は、自治体や首長、教育長等の社会教育の推進に関わる意向や将来展望の調査で、行政全体における今後の社会教育行政の位置づけを把握するために行われる。

⑵　目的、目標および政策手段等の項目の段階的設定

社会教育計画の策定では、目的、目標、政策手段等を、その関連が妥当なも

のとなるように設定する必要がある。ここで言う「関連」とは「目的－手段」の関係のことであり、政策手段が目標の実現や達成に結び付いていること、また、目標の実現や達成は上位目的の実現に貢献するものになっているということである。

さらに、1つの目的のもとに設定された複数の目標の間で、および、1つの目標のもとに設定された異なる政策手段の間には、取り組みの優先性や重要度に違いがあることにも留意する必要がある。これは政策の選択や順位付けに関わってくることでもある。

⑶　目標値の設定

社会教育計画の達成状況を評価する際には、目標状態を示す目標値を事前に設定しておくことが必要である。目標値は目標の項目だけでなく、政策手段の項目のそれぞれについても到達を目指す状態をあらかじめ決め、目標値を設定しておくとよい。

⑷　社会教育計画の策定段階の評価

実行後の目標の達成度についての評価だけでなく、計画の策定段階において計画そのものを評価することも必要である。ここでの評価は、社会教育計画の必要性、優先性、妥当性、実現や実行の可能性、有効性、予想される成果などの視点から行われる。例えば、必要性や優先性の視点であれば、目標や施策として設定する必要性があるかどうか、あるいは他の内容に優先して設定する必要があるかどうかという点から、また実現や実行の可能性の視点であれば、決められた期間内での目標の実現や達成が可能かどうかという点から計画を評価し、必要があれば計画を修正する。このように策定段階で計画の評価を行うことで、計画の精緻化が図られ、より実現性が高く、実効性の期待できる計画となると考えられる。

⑸　住民参加・参画型の社会教育計画の策定

近年は、国や地方公共団体の計画策定に住民の意見を反映しやすくするために、住民参加・参画型の形態をとる場合が多い。社会教育計画の策定でも住民や学習者等の意見を積極的に取り入れることが求められている。住民の意見を取り入れた社会教育計画の策定の形態には、社会教育委員が関わるケース、最初の段階から検討委員や作成委員等として策定作業に参画するケース、公聴会のように意見を聞く機会を設けるケース、計画案ができた段階で住民から広く意見を聞くパブリック・コメント（public comment）のようなケースなどがある。

第２節　社会教育計画の体系

１．社会教育計画と評価の関係

これからの社会教育計画では、計画した事項を実施した後、目標の達成状況等を評価できるように見込んでおく必要がある。

このことを、PDCA サイクルによって示してみよう。

PDCA サイクルは、事業や活動を円滑に進めていく際のマネジメント手法の１つであり、P（Plan、計画）→ D（Do、実行）→ C（Check、評価）→ A（Action、改善）を段階的に、かつ循環的に推進し、事業等の改善を図るものである。**図３－２**はPDCA サイクルを図にしたもので、合わせて、計画と評価の関係を示したものである。これは、計画（目標を含む）された内容（P）を実行し（D）、その実施状況と実施によるアウトプットやアウトカムを評価し（C）、実施上の問題点や達成できなかった課題などを改善し（A）、その内容を反映させて次期の計画を策定するサイクルを表している。

PDCA サイクルは、計画の次が実行、実行の次が評価、評価の次が改善、改善の次が次期の計画、という隣接する経営活動があとに続き、それによって循環する。この中で、評価は実行の次にあり、そのアウトプットとアウトカムを測定することになるが、評価では隣接していない計画に戻って検討することが

図３－２　PDCA サイクルと「計画－評価」の関係

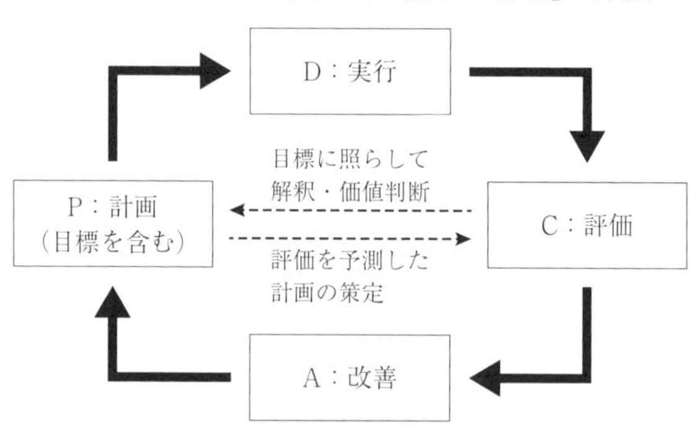

（浅井経子「社会教育計画を策定する目的と意義」、国立教育政策研究所社会教育実践研究センター『社会教育計画策定ハンドブック』、平成24（2012）年３月、１頁の図に加筆して作成した。）

必要となる。なぜなら、評価は計画（目標を含む）された内容がどれだけ達成できたかを判断することであり、評価の判断基準となる目標は計画の中に含まれている（記載されている）からである。

このことは、事業評価の定義「事業活動の実態や成果を分析・測定し、当該事業目標に照らして解釈・価値判断を加えること[(2)]」からも明らかである。重要なことは、事業評価は事業の目標に照らして事業の実態や成果を解釈・価値判断するという点である。**図３－２**ではＣ（評価）からＰ（計画）に向かう矢印がこのことを意味している。

さらに、計画の策定では、どのような評価項目や評価指標によって評価を行うかを予測して行うことが求められる。Ｐ（計画）からＣ（評価）に向かう矢印は、このことを表している。

２．社会教育計画における計画体系と評価体系

以上のように、社会教育計画では計画した事項を実施した後の評価を前提とする必要があるが、その構造を示したのが**図３－３**である。

この図が示している重要な点は、第1に社会教育計画が計画体系と評価体系の2つの体系から構成されていることである。第2は、各体系を構成する項目が上位にあるほど全体的、総括的な内容で、下位にあるほど個別具体的な内容であることである。さらに、これを各体系ごとにみれば、計画体系では上位の項目と下位の項目が「目的－手段」の関係になっており、下位の項目は上位の項目の手段として位置付けられている。一方、評価体系では上位と下位の項目は「全体－個別」の関係で、上位の項目は下位の項目を包括し、集約した内容となる。第3は、計画体系と評価体系の各項目が同レベルで対応する構造にな

図3－3　社会教育計画の構造

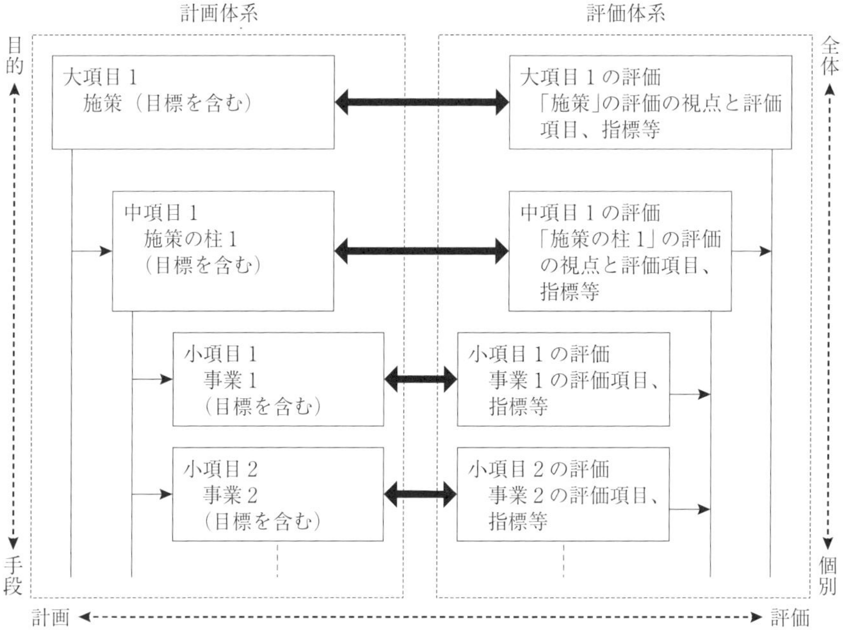

計画体系
評価体系
目的
全体
大項目1　施策（目標を含む）
大項目1の評価　「施策」の評価の視点と評価項目、指標等
中項目1　施策の柱1（目標を含む）
中項目1の評価　「施策の柱1」の評価の視点と評価項目、指標等
小項目1　事業1（目標を含む）
小項目1の評価　事業1の評価項目、指標等
小項目2　事業2（目標を含む）
小項目2の評価　事業2の評価項目、指標等
手段
個別
計画
評価

（山本恒夫「社会教育計画における計画と評価の体系」、国立教育政策研究所社会教育実践研究センター『地方公共団体における社会教育計画等の策定及び評価に関する調査研究報告書』、平成21（2009）年3月、13頁の図に加筆して作成した。）

っていることである。

この構造を詳しくみていくことにしよう。計画体系の構造は従来から考えられてきた体系で、計画内容に関わる大項目、中項目、小項目で成り立つ体系である。便宜上、大項目は１項目のみを示しているだけだが、通常は３～５項目くらい設定される。中項目１についても同様である。この計画体系の項目は、通常、トップダウンで設定される。つまり、上位にある大項目１を実現するための手段として中項目１が設定され、さらに中項目１を達成するための手段として小項目１および２が設定されている。（「施策」「施策の柱」「事業」は参考例。）

この計画体系に対応するのが評価体系である。評価体系は、大項目の評価、中項目の評価、小項目の評価で構成される。これらの項目は、計画体系の項目とは反対にボトムアップで設定される。まず、計画体系で最も下位のレベルにある小項目１および２を評価する「小項目１の評価（評価項目、指標）」及び「小項目２の評価（同）」が設定される。そして、この２つの評価の評価項目、指標をまとめたものとして「中項目１の評価（評価項目、指標）」が設定される。このとき、「中項目１の評価」は、計画体系の中項目１の内容を評価できる内容とする必要がある。さらに、このように設定された中項目１の評価と、そのほかの中項目の評価をまとめて大項目１の評価（評価項目、指標）を設定する。前と同じように、このようにしてまとめて設定された大項目１の評価は、計画体系の大項目１を評価できる内容であることが必要である。

図３－３は、このようにして計画体系と評価体系の対応を図った上で完成される最終的な形を示したもので、策定の段階では様々な修正、検討が加えられる。この具体的な策定方法については本章第４節２で詳しく述べる。

第３節　社会教育計画と評価

ここで言う評価とは、計画したことを実施したあとに、目標の達成度を評価することである。現在は、施策の実施効果や有効性が厳しく問われており、今後、このような要請はますます高まっていくものと考えられる。そのため、計画した内容を実施して目標の達成を目指すとともに、目標の達成状況を的確に把握し、分析し、評価の結果を地域住民に分かりやすく提示することが求められる。そのため、可能な限り数値目標を設定して、定量的、かつ客観的な評価が行えるように計画策定の段階から準備しておく必要がある。

評価では、その計画期間の終了時や終了後に、計画した内容の実施状況、及びその結果や成果についての評価を行う。中長期の社会教育計画に関わる評価を進めるにあたっても、毎年、単年度計画について評価を行うことが重要である。単年度計画の評価は、各年度の目標の達成状況を確認するという意味とともに、中長期の社会教育計画の評価に向けて、計画期間の内容の着実な実施とその成果を確認する作業としての意味をもっている。中長期の計画になると、小項目（事業など）の評価というよりも、大項目（施策など）や中項目（施策の柱）の達成状況を総括的に評価することが求められる。それらの評価は、社会教育計画の策定時にあらかじめ作成している大項目や中項目のそれぞれの評価項目や評価指標を用いて行うことになる。そして、それらの検討結果を総合して、施策の実施についての評定を行う。評定の段階は３段階や５段階などが用いられることが多い。５段階（A～E）であれば、例えば**表３－１**のようなものがある。

表３－１　評価に用いられる評定段階の例

A：施策の目標が十分達成されている
B：施策の目標がかなり達成されている
C：どちらとも言えない
D：施策の目標があまり達成されていない
E：施策の目標が達成されていない

（国立教育政策研究所社会教育実践研究センター『地方公共団体における社会教育計画等の策定及び評価に関する調査研究報告書』2009（平成21）年３月、49頁の表に加筆した）

なお、これらの評価は、社会教育計画の実施担当者が自己評価によって行う場合、行政の他部局が行う場合、市民の参画を得て行う場合、あるいはそれらの組合せで行う場合などがある。

第４節 社会教育計画立案の技術

１．自治体の現状と課題の分析

社会教育計画を立案するにあたって、自治体における地域（住民）の現状を的確に把握し、その現状が各自治体が目指している地域（住民）像とどのように違っているかを分析し、社会教育施策として何を行っていくべきかを検討する必要がある。

ここでは、自治体の現状と課題の分析について順に説明することとする。

(1) 自治体の現状分析

社会教育計画の立案の準備として、地勢や地域条件等の客観的な状況から、地域住民の生活状況や地域課題等の状況、さらに現状における自治体が目指す住民（地域）像などの情報を得て地域の状況を分析する必要がある。**表３－２**に現状分析に必要とされる主な項目について例示する。

表３－２中には、項目例と参考資料を記したが、これらの資料のみならず地域の社会教育団体やNPO等の地域活動実践者からの情報を幅広く得て、地域の状況がどうなっているかを捉えておくとよいであろう。

なお、ここで得られた情報は社会教育計画策定の基礎データとして、計画の中の当該自治体の現状のところに掲載していくことになり、施策についての基礎的な情報となるので、十分な整理と分析が求められる。

①地勢・地域条件等

ここでは、自治体の地域性（歴史的な経緯、立地条件等）を整理するとともに、地域課題に密接に関係する、人口構成や産業構造、それらの時間的な変化や今後予想される傾向等を明確にしていく。これらの状況は「自治体総覧」や「自治体統計」などの資料を参考にすることになる。

表３－２　自治体の現状分析のための項目（例）

１．地域の概要
⑴　地勢・地域条件等
例）地勢／人口／人口構成／人口の増減／産業構造／
【参考資料】　自治体総覧、自治体史、自治体統計等
⑵　地域住民の生活状況の特徴
例）就労／昼夜の人口比率／地縁組織／地域活動／交通状況／
【参考資料】　自治体生活状況調査、自治体統計、自治体世論調査等
⑶　教育・文化的な環境と特徴
例）教育施設の状況／学習関心／学習活動／NPO・ボランティア活動／
【参考資料】　施設要覧、教育要覧、自治体世論調査等
２．地域課題の状況
例）高齢化／国際化／過疎化／人権問題／
【参考資料】　自治体世論調査、審議会等の答申・建議、公民館講座の状況等
３．自治体が目指す地域（住民）像
例）地域全体が一体となって次の世代を育むまちづくり
郷土を愛し自立した健康な子どもの育成
【参考資料】　自治体総合計画、生涯学習推進計画、教育振興基本計画等

②地域住民の生活状況の特徴

社会教育の推進においては、地域住民の生活状況に応じて施策の方向性や内容が変わってくる。そこで、昼夜の人口比率などによりベットタウン化が生じているのか、１世帯あたりの人数から核家族化の傾向がみられるのか、自治会数やコミュニティ関係の報告書等から自治会活動の状況はどうか、消防団組織・自治公民館の状況などから地縁的なつながりはどうかなどの、地域住民の生活状況の特徴を把握する必要がある。

また、具体的に実現すべき施策や事業が想定されているときには、自治体が実施する住民世論調査等にそれに関連する質問項目を設定し、住民の置かれている状況やニーズをより詳細に捉えていくことも必要である。

③教育・文化的な環境と特徴

ここでは、地域にどのような施設が用意されていて、住民がどのような教育的な活動を行っているかをまとめていく。施設面では、学校（幼稚園、小・中・高等学校、大学・短大、専門学校等）、社会教育施設（公民館、図書館、博物館等）、スポーツ施設（体育館、武道館）、教育関連施設（女性会館、社会福祉、NPO、ボランティアセンター等）を調査してまとめていく必要がある。特に、これまでのように教育委員会所管の施設だけでなく、関係部局やNPO等が設置している施設についても幅広くまとめていく必要がある。

また、教育的な特徴として地域住民の学習機会や地域活動への参加状況、ボランティア活動の状況等を、自治体の世論調査や公民館利用状況等によりまとめるとともに、地域住民と接している公民館職員やNPO関係者等への聞き取り調査を行いながら、把握していく必要もある。

④地域課題の状況

社会教育行政は地域課題の解決を目指した活動を支援していくことも重要な柱の１つであり、各地域における地域課題の状況を把握しておく必要がある。

今後の社会教育計画においては、エビデンス（根拠）に基づく施策や事業の企画・立案が求められており、自治体の世論調査等に地域課題に関する質問項目を盛り込んだり、自治会や公民館利用者等に対してアンケート調査を行うなど、客観的な数値により地域課題を把握していく必要がある。そして、それらの調査と併せて、公民館職員や地域の指導者やNPOから定性的な状況を得ることも、地域課題の状況をより正確に把握する上で重要である。

⑤自治体が目指す地域（住民）像

これは総合計画（マスタープラン）などに掲げられているが、それを通して、自治体の目指す地域（住民）像を十分に把握しておくことが重要であり、それにより、他の部局の施策がどのように総合計画の目標につながっているかを理解することができ、社会教育行政との連携の視点を見いだすことが可能になる。

(2)　社会教育を推進する上での課題の分析

次に、今後の施策の方向性を決めていくために、現行の施策を分析し、現状の問題点・課題を明らかにする。

①　施策の分析

現行施策は、「推進体制の整備」、「学習機会の提供」、「指導者の養成」、「学習情報提供と学習相談体制の整備」、「社会教育施設の整備と充実」、「社会参加活動の支援」等に分けて、どのような問題があるかなどを分析することになる。

表３－３　課題の分析のための様式（例）〈家庭教育支援〉

区分	施　策	現行の事業		現状の問題点･課題	問題解決・課題達成のための施策の方向性
		社会教育行政	学校・関連行政・民間・団体等		
学習機会の提供	○親として自信をもって子育てができるための学びを支援する。	○家庭教育講座（生涯学習課） ○親子ふれあい教室（公民館）	○子育て支援総合コーディネート事業（子育て支援課） ○地域子育て支援事業（児童福祉課）	○家庭教育支援、子育て支援を担当する課が、同じような学習機会を提供している。 ○講演会のみの事業もあり、受講を通した仲間づくりが必要。	○関係各課で提供している学習機会を有機的に結び付けて総合的な学習機会とする。 ○社会教育の手法を生かし、参加型学習での展開と組織化を支援を行う。
相談体制の構築	○家庭教育や子育てに困っている親等に対して、相談の機会を提供し、その軽減を図る。	○家庭教育ホットライン（生涯学習課） ○子育てサロン（公民館）	○子育ていつでも電話相談（児童福祉課） ○心のサポートライン（NPO）	○各関係機関がそれぞれの視点から電話相談を開設している。 ○電話相談は充実しているが、対面相談等の機会は少ない。	○電話相談をきっかけとして、対面相談や悩みをもつ親同志が交流し合う機会につなげていく。

国立教育政策研究所社会教育実践研究センター『社会教育計画立案の技術』、平成22（2010）年３月を参考に作成

② 事業の分析

次に、いくつかに分類した施策ごとに現行の社会教育事業をあげ、どのような取り組みがなされてきたかを分析する。これにより、何が足りていて、何が足りないのかが把握しやすくなる。

その際には、社会教育行政だけでなく、首長部局（福祉、農林水産、観光、建設、産業、環境等）や民間企業や団体、NPOも同様の取り組みを行っているので、それらの全体を把握しておく必要がある。

③ 現状の問題点・課題

明らかになった地域の現状と目指す地域（住民）像との差を行政課題として把握し、施策の現状と考えあわせて社会教育施策の問題点と課題を抽出する。特に、現行の施策・事業については、事業の評価を十分に精査しその成果を見極めて、課題を明らかにする必要がある。また、客観的なデータを基にしながら社会教育の現場で支援する職員や地域の指導者等の意見を取り入れながら、多面的に考察する必要がある。

④ 課題解決のための施策の方向性

次に、現状の問題点・課題の対応策を検討し今後の施策の方向性をみていく。この作業においては、地域の活動団体の代表者等から構成される社会教育委員

図3－4　自治体の現状と課題の分析の手順

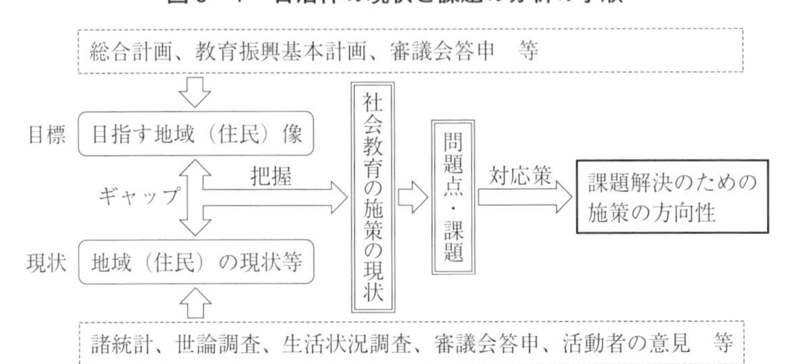

の参画を得たりして、様々な意見を取り入れながら進めていく必要がある。

また、課題によって長期的に取り組んでいかなければならないものと、短期的に解決が見込めるものがあり、各施策ごとに整理しながら時間的な展望を描いていく必要もある。

これらの分析を基に、具体的な中長期計画の内容を作成していくことになるが、今般、社会教育行政にはネットワーク型行政としての在り方が求められているので、首長部局との連携や、関係団体、民間企業、NPO等との協働を推進していくことが重要である。

また、目先の課題解決という対症療法的な計画ではなく、地域住民の自主的な活動の活性化に寄与する計画づくりに努める必要がある。

２．中長期計画の作成

(1)　中長期計画の構成

社会教育の中長期計画は、一般的には、総論、基本方針、年次計画で構成される。総論では、計画策定の趣旨及び意義、総合計画などとの関係や現行の計画の推進状況等があわせて記載される。

基本方針では、計画策定の基本的な考え方として、この計画の実施によって解決する課題や上位計画を受けた本計画で目指す目標、社会教育推進の基本方針等の内容が体系図として示されることが多い。これには、社会教育計画の全体像を明示できることに意味があるだけでなく、社会教育計画の目標達成と政策手段の関係を分かりやすくする利点がある。加えて、この体系図では、**図３-３**で示したように、計画体系と評価体系が作成されることで、計画実施後の評価が容易に行えるようになることに意義がある。

さらに、年次計画では、計画期間中に実施する事業について、事業の内容と到達目標を含めて年次別に記載する。

表３－４　中長期計画の構成と主な記載内容

	中長期計画での主な記載内容
総　　論	計画策定の趣旨、計画の性格、計画の期間、計画の構成等
基本方針	計画策定の基本的な考え方、計画の目標、社会教育推進の基本方針、体系図等
年次計画	計画期間中の事業、各年次ごとの達成目標等

⑵　計画作成の手順

①総論の作成

総論では、これまでの社会教育の現状と課題の分析の結果に基づいて、**表３－４**に示した内容について記載する。この部分は、計画の趣旨、位置付け、計画期間、全体構成等を簡潔に分かりすく示すことが重要である。

②基本方針の作成

基本方針は、総論を受けて、社会教育計画の基本的な考え方を明確に示し、計画の実施によって目指す状況を目標として示す。例えば、「共に学び、共に育む○○市」のように、社会教育によって実現しようとする自治体の姿を端的に表現するとよい。この目標を実現するために、社会教育行政が推進する方向性を示すものが基本方針であり、通常、基本方針１、２、３のように、複数の方針が作成される。

さらに、基本方針を具現化するために、それぞれの基本方針ごとに施策を検討する。また、「施策」を実現するための具体的な内容として「施策の柱」を、そして、「施策の柱」を具体化した事業を検討する。この「施策－施策の柱－事業」のラインが社会教育計画の計画体系となる。

一方、この計画体系の項目を評価する評価体系も作成する。⑶では、この両体系図の作成手順を詳細に紹介する。

③年次計画の作成

基本方針で作成した事業を、計画期間中の各年度ごとにどのように実施するかを検討する。計画期間が５年間であれば、１年目から５年目までの全期間を通じて実施する事業、１年目から３年目までの事業、３年目から５年目までの事業などがある。それぞれ事業の優先度や成果発現の有効性などの観点に基づいて作成する。合わせて、それぞれの事業によって達成しようとする目標を、可能な限り数値目標として年次ごとに設定する。

(3)　計画体系と評価体系の作成手順

次に、**図３−３**に示した構造の社会教育計画の作成を念頭に置いて、計画体系とそれに対応する評価体系を作成する手順を紹介する。計画体系と評価体系は、その上位の内容である基本方針のうちの１つを具現化し、また評価するために作成される。その策定の手順を示すと**図３−５**のようになる。なお、ここでは、作成手順を示すにあたり、基本方針の例として、「青少年健全育成の推進」を取り上げることにする。さらに、これを具体化した施策の例として「家庭の教育力向上の支援」を設定することにする。

手順１

手順１は、「計画体系の骨格づくり」である。ここでは、計画体系のうちの「施策」、「施策の柱」、「事業」の体系を仮設する。

各項目には、それぞれの内容を表す名称とともに、この時点での仮目標（あとで修正を可能とする）も合わせて設定する。例えば、施策の１つとして「家庭の教育力の向上」とすると、**図３−６**のような仮目標を合わせて設定する。

また、「施策の柱」として、①地域における家庭教育支援の充実支援、②家庭教育に関わる団体・人材の支援、③先導的・モデル的事業の実施、④広域的事業の実施）などの事項と、それぞれの仮目標を含めて設定する。さらに、「施策の柱」のそれぞれにおいて、個別の事業とその仮目標を設定する。

ここで設定するそれぞれの目標は、いずれも仮目標として設定され、手順２以降の過程で修正、再設定されることがある。

図３－５　社会教育計画策定の手順

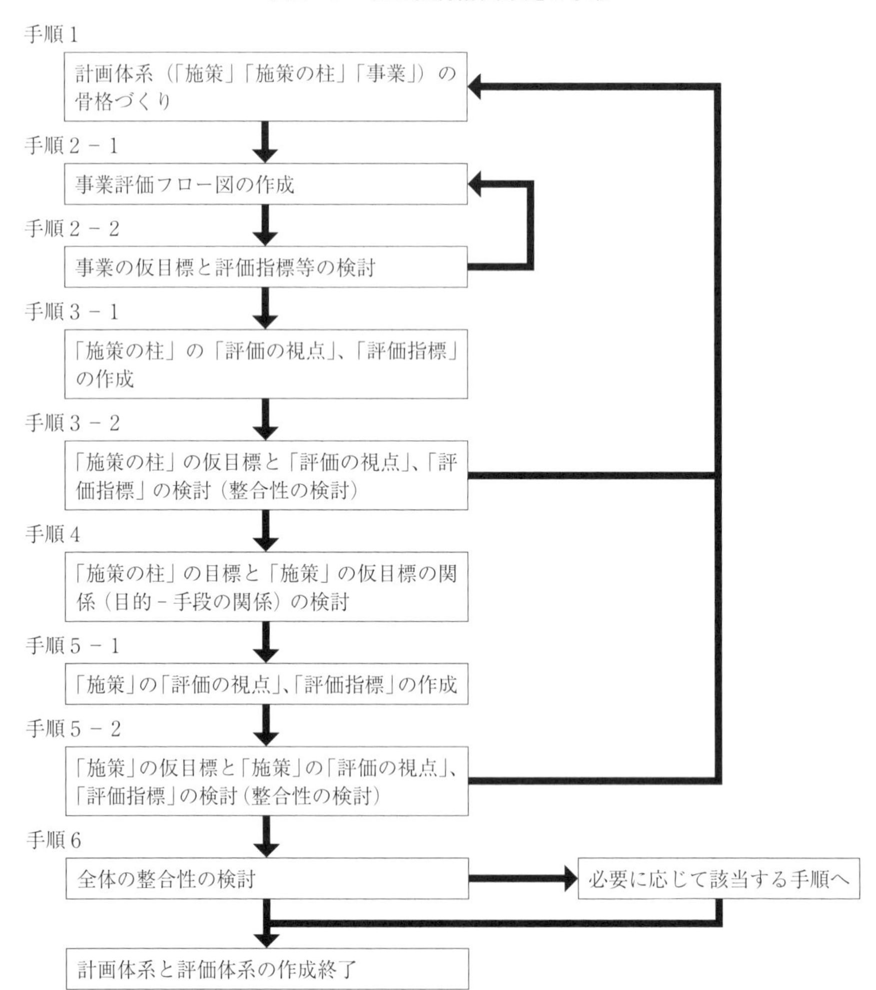

（国立教育政策研究所社会教育実践研究センター『社会教育計画策定ハンドブック』、平成24（2012）年３月、41頁の図に加筆して作成した。）

図３－６　施策（仮目標を含む）と施策の柱（仮目標を含む）の作成

〈施策〉：家庭の教育力の向上
【施策の仮目標】
a．親等が身近な場所で学習できる環境を拡充する
b．家庭教育を支援する団体・人材の活動等が充実するよう支援する。
c．地域で家庭教育を支援する仕組みをつくる。
d．親等に家庭教育に関する情報や資料を積極的に提供する。
e．先駆的・モデル的な事業を実施し、その成果の普及を図る。

〈施策の柱〉：
①地域における家庭教育支援の充実支援
【施策の柱①の仮目標】
親、保護者に最も身近な地域において、きめ細かく家庭教育を支援する体制整備に取組む。
②家庭教育に関わる団体・人材の支援
【施策の柱②の仮目標】
地域における家庭の教育力を支援する団体・人材の活動等の一層の活発化のため、資質や能力、専門的スキルの向上を内容とする研修を実施する。
③先導的・モデル的事業の実施
【施策の柱③の仮目標】
先駆的、モデル的な取組みとして、さまざまな理由で学習機会に参加できない親等に家庭教育に関わる学習機会を実施するとともに、父親に対しての家庭教育への参加促進を図る。
④広域的事業の実施
【施策の柱④の仮目標】
広域的な家庭教育支援の取組みとして、家庭教育に関わる情報提供や電話相談の利用を促進する。

（国立教育政策研究所社会教育実践研究センター『地方公共団体における社会教育計画等の策定及び評価に関する調査研究報告書』平成21（2009）年３月、45頁を参考にして作成した）

手順２－１

手順１で設定した事業によって生じる結果や成果を事業評価フロー図の作成を通じて検討する。**図３－７**にあるように、事業による効果や成果は、まず、事業の終了時や終了直後に「事業実績」として現れる。これは、事業の実施回数や参加者数などで測定される事業の結果（アウトプット）と言われる内容である。

図３－７　事業のアウトプットとアウトカムの流れ

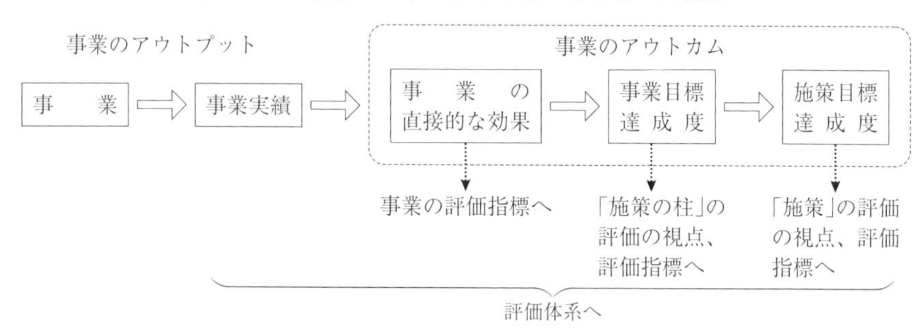

◆事業実績

事業の実施や活動の状況とその結果にかかわる内容のこと。事業の実施回数、事業の参加者数、利用者数、利用団体数など。

◆事業の直接的な効果

事業実績によって直接的に生じる事業のアウトカムのこと。評価体系の中では施策目標の達成に向けた初期的な事業のアウトカムである。計画体系の事業に対応した成果で、個々の事業の目標達成の状況を示す。

◆事業目標達成度

「事業の直接的な効果」から期待される「施策の柱」レベルの事業のアウトカムのこと。評価体系の中でみると中間的なアウトカムとなる。「事業の直接的な効果」や「施策の柱」をもとにして作成される。

◆施策目標達成度

「事業目標達成度」から期待される施策レベルの事業のアウトカムのこと。

（国立教育政策研究所社会教育実践研究センター『地方公共団体における社会教育計画等の策定及び評価に関する調査研究報告書』2009（平成21）年３月、27-28頁の図、用語解説に加筆して作成した）

これに続いて、事業の成果（アウトカム）が現れる段階となり、事業目標が達成された状況を表す「事業の直接的な効果」が生じる。そして、複数の事業の実施を通じて達成される「事業目標達成度」（「施策の柱」レベルでの成果）、さらに、複数の「施策の柱」の実施を通じて達成される「施策目標達成度」（「施策」レベルの成果）へと続く。

　また、事業のアウトカムの各段階には、それぞれの状況を測定する評価指標を作成する。「事業の直接的な効果」の評価指標は事業の評価指標に、「事業目標達成度」の評価指標は「施策の柱」の評価指標に、「施策目標達成度」の評価指標は「施策」の評価指標につながる。

　事業評価フロー図では、事業の実施後に予想される事業実績から事業目標達成度までを検討する。**図３－８**は、「地域における家庭教育支援の基盤形成事業」の事業評価フロー図である。事業評価フロー図は、事業の実施によって予想される「事業実績」、「事業の直接的な効果」、「事業目標達成度」の具体的な内容とその推移を時系列的に配置し、それらが妥当な内容で、無理のない流れになっているかを確認しながら作成する。図中の各項目は、上段が具体的なアウトプットまたはアウトカムの内容で、下段はその評価指標である。事業評価フロー図を作成する意義は、計画している事業を実施した場合に事業目標の達成が可能かどうかを検討できる点にある。

　手順２－２

　作成した事業評価フロー図の「事業の直接的な効果」の内容として取り上げた具体的な項目が事業の仮目標の内容と合致しているかどうか、また、この項目の評価指標によって、事業の仮目標の達成状況を評価できるかどうかを検討する。「事業の直接的な効果」の項目と事業の仮目標とに整合性があり、作成した評価指標で事業の仮目標を評価できると判断した場合は手順３－１に進む。一方で、その整合性に問題がある、あるいは、評価指標での評価が難しい場合は、この評価指標で評価できるように事業の仮目標や内容等を再検討し、修正を加える。ただし、事業の仮目標は、「施策の柱」との「目的－手段」の関係を保持する範囲内での修正が条件となる。

図3－8　事業評価フロー図の例

施策	家庭の教育力向上の支援		
	施策の柱	(1)　地域における家庭教育支援施策の充実支援	
		事業	1 地域における家庭教育支援のための基盤形成

事業の目標	子どもと親だけの家庭における子育ての悩みを解消するために地域に子育て支援の組織「家庭教育支援チーム」を設置する。				
事業の概要	小学校区ごとに家庭教育支援チームを設置する。 支援チームは子育てサポーターリーダーを中心とし、保健師、保育士等専門家を配置し、具体的な質問に応えられるようにする。				
年次計画	1	2	3	4	5
	○	○			

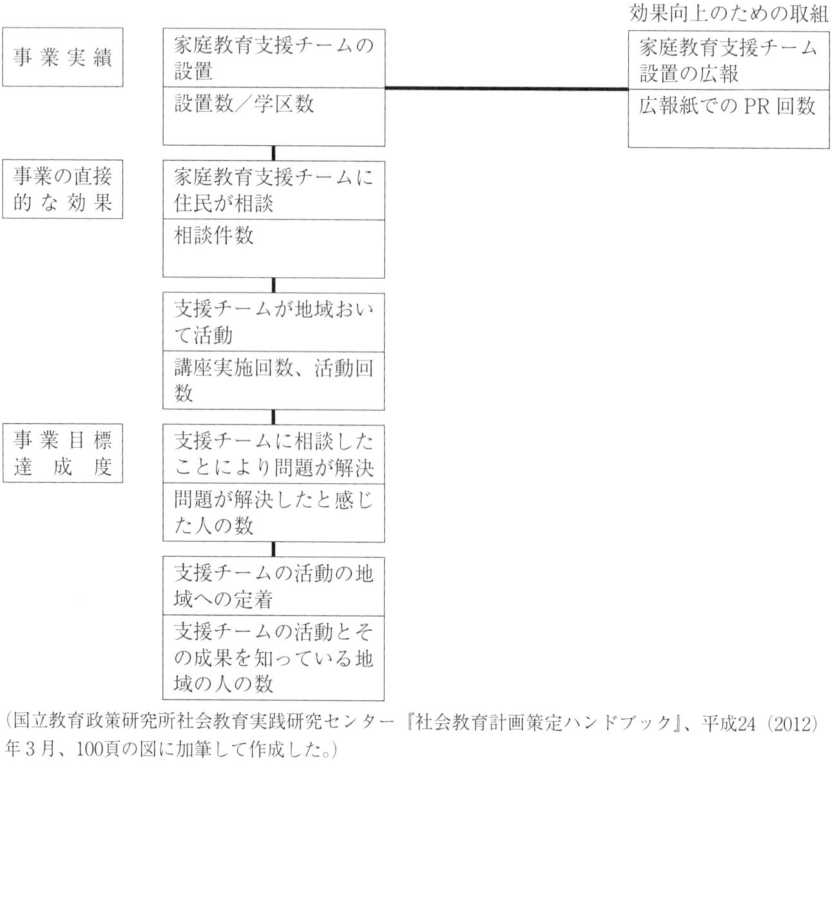

	事業の流れ	効果向上のための取組
事業実績	家庭教育支援チームの設置 設置数／学区数	家庭教育支援チーム設置の広報 広報紙でのPR回数
事業の直接的な効果	家庭教育支援チームに住民が相談 相談件数	
	支援チームが地域おいて活動 講座実施回数、活動回数	
事業目標達成度	支援チームに相談したことにより問題が解決 問題が解決したと感じた人の数	
	支援チームの活動の地域への定着 支援チームの活動とその成果を知っている地域の人の数	

（国立教育政策研究所社会教育実践研究センター『社会教育計画策定ハンドブック』、平成24（2012）年３月、100頁の図に加筆して作成した。）

手順３－１

「施策の柱」を具体化している複数の事業の評価項目と評価指標をもとに、「施策の柱」を評価する内容とその評価指標を作成する（既存の指標を活用することも含む）。「施策の柱」の評価指標作成の留意点には、包括性（下位の事業の評価の内容を包括する）、整合性（他の評価指標と矛盾しない）、単純性（分かりやすい）、測定可能性（達成度が測定できる）がある。また、事業の評価指標をそのまま「施策の柱」の評価指標とする方法もあり、その場合は、その重要性、優先性などを考慮する必要がある。

手順３－２

手順３－１で作成した「施策の柱」の評価指標と、当初設定した「施策の柱」の仮目標の関係の検討を行う。この評価指標によって仮目標を評価することが難しいときは、「施策の柱」とその仮目標を再検討し、施策との「目的－手段」の関係を保持しながら仮目標を修正する。**図３－９**は、「施策の柱」の評価の視

図３－９　「施策の柱」の目標（修正前と修正後）

〈施策の柱〉

ｂ．家庭教育に関わる団体・人材の支援

【仮目標】（修正前の仮目標）

地域における家庭の教育力向上を支援する団体・人材の活動等の一層の活発化のため、資質や能力、専門的スキルの向上を内容とする研修を実施する。

【目標】（修正後の目標）

PTA 等地域における家庭の教育力を支援する団体のリーダー等の人材の育成や能力、専門的スキルの向上を内容とする研修を通じて、その団体・人材の活動等の一層の促進を図る。

（国立教育政策研究所社会教育実践研究センター『地方公共団体における社会教育計画等の策定及び評価に関する調査研究報告書』平成21（2009）年３月、45頁に基づいて作成した）

点及び評価指標と仮目標の関係を検討し、仮目標を修正した過程を示している。このような場合は、その「施策の柱」の修正後の目標と、具体化している事業との整合性を再度確認する必要があり、この点に問題があれば手順1に戻って事業を再検討する。

手順4

手順3－2で必要に応じて修正された複数の「施策の柱」の目標を実現することにより、その後、どのような流れで施策の仮目標の達成につながるかを検討する。

手順5－1

複数の「施策の柱」の具現化によって予想される成果などをもとに、施策目標達成度を想定しながら「施策」の評価項目と評価指標を作成する。評価指標の作成は手順3－1の評価指標の作成と同様に、包括性、整合性、重要性等を考慮して行う。

手順5－2

手順5－1で作成した評価指標を用いて「施策」の仮目標が評価できるかどうかを検討する。評価できると判断した場合は手順6に進み、評価するのが難しい場合は「施策」の仮目標を修正し、さらに、「施策の柱」、「事業」の再検討を行う（手順1に戻る）。

手順6

計画体系と評価体系の全体の整合性を検討する。必要に応じて該当する手順に戻り、修正を加えることで、すべての項目が確定する。これにより1つの施策についての計画策定は終了する。さらに、別の施策についても同じ策定作業を行い、社会教育計画の全体を完成させる。

３．年間計画の作成

⑴　年間計画とは

年間計画は当該年度に実施する事業について、中期計画に示されている。これは、施策目標を達成するために、事業目標、事業内容、対象者・定員、実施回数、予算等を具体的に企画・立案したものである。青少年教育や成人教育等の教育分野ごとに作成し、それら全体を社会教育行政の年間計画（単年度計画）と言う。

それぞれの教育分野ごとに全ての事業を「体制整備」、「学習機会の提供」、「指導者養成」等の視点から整理することで、不足している取り組みや過剰な取り組みがないかを精査するとともに、事業間に有機的な関連性をもたせて事業効果の向上を図る必要がある。また、近年、限られた人的・財政的資源の中での事業推進が求められており、重点項目を設定して、優先順位を付けながら計画を立案することも必要となっている。

⑵　年間計画作成の手順

①年間事業計画表の作成

各教育目標を確認した上で、具体的な事業を企画・立案し、年間事業計画表として作成する。青少年教育に関する年間事業計画表の例を**表３－５**に示す。

ⅰ　区分

事業全体を事業の性格ごとに区分し、住民に対して偏った事業構成になっていないか、事業同士が有機的に関連して効果的な施策となっているかをチェックする。区分の例としては、「推進体制（組織）の整備」、「学習機会の提供」、「指導者の養成」、「学習情報提供・学習相談」、「社会参加活動への支援」等があげられる。

表3－5　年間事業計画表（例）〈青少年教育〉

区分	事業名	事業目標	事業内容	対象者・定員	実施期間・回数	予算（千円）	備考
体制整備	子供の居場所づくり設置推進事業	小学校区ごとに子供の居場所づくりを推進し、地域で子供たちの学びと育ちを支援する体制を整備する。	小学校区ごとに推進協議会の設置と居場所づくりコーディネーターの養成を図る。	社会教育関係団体、地域住民等 40名	5月～8月 6回	500	校長会、PTA、自治会、関係団体等と連携
学習機会の提供	農村・漁村わんぱく体験村	就業体験と自然体験活動に取り組むことで、地域の良さを理解し大切にしようとする心情を育てる。	公民館や民家に泊まりながら農漁業、郷土料理、伝統芸能等を体験する。	小4～中2 40名	7月～1月 6回	200	参加費 4,800円

国立教育政策研究所社会教育実践研究センター『社会教育計画立案の技術』、平成22（2010）年3月を参考に作成。

この他、「少年」、「青年」、「成人」、「高齢者」等の発達段階別で区分を設定した方が分析しやすい場合もある。また、生涯学習推進施策のように幅広い分野を対象とする施策であれば、「個人生活に関すること」、「家庭生活に関すること」、「職業生活に関すること」、「地域・社会生活に関すること」等の区分も考えられる。

ii　事業名

事業名については、事業内容が分かるような名称で、かつ住民の参加意欲を高めるような名称を付けるように工夫する。

iii　事業目標

事業の実施主体として「何のために事業を開設するのか」を簡潔に表記する。そのために、事業を実施する背景や理由を簡潔明瞭に記述し、事業を通して何を達成するのかを明らかにする。この事業目標は、事業が位置づけられている施策のどの部分の取組なのかを明らかにすることでもあり、事業評価の面でも重要な要素となる。事業を実施する上でも、事業目標によりその内容や方法が大きく異なるものになることから、慎重な設定が必要である。

iv　事業内容

事業の内容を具体的に検討し、具体的に何をどのように行うかを記述する。また、ネットワーク型行政の推進の視点から、他部局との連携の促進やNPO･団体等との協働による事業展開も積極的に検討していく必要がある。

v　対象者・定員

事業の対象者を明らかにするとともに、事業を実施する上での適切な規模（定員）を設定する。これらは、事業の目標を達成するためには、どのくらいの規模でどのくらいの期間を実施すればよいかという見通しをもって設定する必要がある。

vi　実施期間・回数

事業をいつ実施するか、何回実施するかを設定する。同一時期に事業が集中していないか、複数回で実施する場合は適切な間隔をおいて実施されるか等を確認し、効果的な事業運営のための実施回数等を検討する。

vii　予算

事業を実施する上で必要な予算を設定する。中期計画に掲載されている施策･事業であっても、事業予算の要求は単年度ごとに行われることがほとんどであるから、適切な事業評価を行いつつ、予算設定を行っていく必要がある。

②年間計画作成の留意点

事業の設定にあたっては、「緊急性」、「重要性」、「公共性・公益性」、「先導性・波及効果性」、「地域性」、「実現可能性」等の多面的な視点から企画・立案するとともに、自治体の状況に応じて「優先順位」を付けながら行っていくことになる。

実際の年間計画作成の場面においては、決められた予算要求枠や様々な要因により、全ての事業を実施できないなどの状況になる場合が多い。その際には、単位事業の予算を減らしたり、優先順位を付け、それに応じた年間計画の作成が求められる。

第5節 事業評価の技術

1．事業評価とは

事業評価とは、事業活動の実態や成果を分析・測定し、当該事業の目標に照らして解釈・価値判断を加えること[(3)]であり、その目的は、事業の改善を図ることにある。つまり、社会教育施策の流れを計画策定（P）から事業の実施（D)、評価（C)、改善（A）というマネジメントサイクル（PDCA サイクル）で捉えた場合、事業評価は計画段階で設定した目標を事業の実施によりどれほど達成したかを判断することである。

近年では中期計画に位置付けられている施策や事業であっても、その効果が認められなければ、計画年度の途中であっても打ちきりになる場合も見受けられる。そこで、事業の成果を示し事業実施の意義を明確にすることは、次年度以降の施策の在り方や事業予算等の確保等につなげる上でも重要である。

2．評価項目

青少年教育に関する施策･事業を例にあげて考えてみることにする。**図3－10**は、青少年教育に関する施策から事業までの流れを示したものである。総合計画や教育振興基本計画等の趣旨を踏まえ、社会教育計画の中で位置付けられた青少年教育に関する施策について「自分の住む地域を愛し、地域活動に自ら参加する青少年を育成する」という施策目標が設定されているとする。この施策目標を達成すべく、様々な事業が展開されるが、その1つとして「まちかど再発見事業」を実施し、事業目標として「青少年に地域を知る機会を提供するとともに、地域住民との交流を通して、地域の良さを再発見させる」。が設定され

図３－10　施策から事業までの流れ

施　　策	青少年の健やかな成長の支援（青少年教育）
施策目標	自分の住む地域を愛し、地域活動に自ら参加する青少年を育成する
事　　業	まちかど再発見事業（地域探検、地域住民との交流活動等）
事業目標	青少年に地域を知る機会を提供するとともに、地域住民との交流を通して、地域の良さを再発見させる。
事業内容	・日頃、目にしていても歴史的な由来が知られていない建物等についての学習会を実施する。 ・地域の伝統に触れる機会をつくり、地域住民との交流の機会を設ける。

表３－６　評価項目の例

評価項目Ａ：事業で青少年が地域を知る機会の提供状況（事業目標より）
評価項目Ｂ：事業で青少年が地域住民との交流を図る機会の提供状況（事業目標より）
評価項目Ｃ：事業に参加した青少年が地域の良さを感じるようになった状況（事業目標より）
評価項目Ｄ：青少年が自分の住む地域を愛する意識向上の状況（施策目標より）
評価項目Ｅ：青少年の地域活動への参加状況（施策目標より）

ているものとする。

これらの施策や事業の目標の達成度を確認するために、何を測定すべきかというものが評価項目で、**表３－６**のような事項が例として考えられる。

これらの評価項目のうち、Ａ・Ｂ・Ｃについては、事業及び参加者の状況であり、直接調査することができるものである。一方、Ｄ・Ｅについては施策目標に関する状況であり、この事業だけでなく同じ施策に位置付けられている他の事業やその他の取り組みの成果としても捉えられるものである。

そこで、事業への参加者に対して、施策目標に関するＤ・Ｅの項目についても調査を行うなど、当該事業がどれだけ施策の目標に対して成果があったかというデータを蓄積していくことも、必要であると言える。

3．評価指標

抽出した評価項目を基に、具体的に結果や成果を測定するための評価指標を設定する。

表3－7は、前述の評価項目を測定するための評価指標を例示したものである。この中で評価指標Ａ・Ｂについては、アウトプットについての指標であり、Ｃ・Ｄ・Ｅについては、アウトカム指標ということになる。その中でも、評価指標Ｄ－２、Ｅ－２については、最終アウトカムとして位置付けられるものであり、施策目標の達成度を示すものとなる。

これらの評価指標の抽出にあたっては、有効性、効率性、費用対効果、優先性、必要性など、何に着目して設定するかという「評価の視点」から検討すると、より多面的な評価指標を抽出することができる。例えば、**表3－7**中のＥの指標に関連して、「事業経費／事業を通して地域活動に参加するようになっ

表3－7　評価指標の例

評価指標Ａ－１：事業における青少年に対する地域に関する学習会の実施回数
評価指標Ａ－２：　〃　への参加人数
評価指標Ｂ－１：事業における青少年に対する地域住民との交流会の実施回数
評価指標Ｂ－２：　〃　への参加人数
評価指標Ｃ　　：事業に参加した青少年が地域の良さより感じるようになった割合
評価指標Ｄ－１：　〃　地域への愛着がより高まった割合
評価指標Ｄ－２：地域の青少年が地域に愛着を持っている割合
評価指標Ｅ－１：事業に参加した青少年が地域活動に参加するようになった割合
評価指標Ｅ－２：地域の青少年が地域活動に参加したことがある割合

山本恒夫「社会教育計画における計画と評価の体系」、国立教育政策研究所社会教育実践研究センター『地方公共団体における社会教育計画等の策定及び評価に関する調査研究報告書』、平成21（2009）年３月

た青少年の人数」とすれば、目標とする青少年を１人養成するための経費となり「費用対効果」の視点からの評価指標となる。事業担当者は、求められる成果をよく見極めながら、評価指標の設定を行っていく必要がある。

評価指標のタイプとしては、計測しようとする指標の状況により適したものを選定するが、一般的に次のようなタイプの指標が用いられることが多い[(4)]。

ⓐ　目標値に対する百分率の利用（達成率、充足率、利用率、到達率、開催率等）

ⓑ　指数の利用（時系列指数、規模別指数、全体指数等）

ⓒ　効果測定の利用（利用者アンケート、職員アンケート）

ⓓ　記述法の利用（利用者等の反応等を記録し、達成度や効果を記述）

４．目標値の設定

次に、設定した評価指標について、どれぐらいの値を達成すべきかという目標値を設定する。施策目標である最終アウトカムについては、中期計画等の中で設定されるものであるが、事業と直接関係のあるアウトプット指標と中間アウトカム指標の一部については、事業の中で評価していくことが求められるため、評価を念頭に置いて事業を企画・運営していく必要がある。

数値目標を設定する際の拠り所としては、次のようなものがある[(5)]。

ⓐ　本来目指すべき水準を直接設定する（絶対的な基準）

ⓑ　既定・既存の目標値（国や都道府県の設定している基準値等）

ⓒ　時系列データに基づく方法（過去の実績をもとに設定する）

ⓓ　自治体の外に基準を求める方法（全国平均値、全国第一位の県の水準等）

目標値の設定について重要なことは、対外的に説明できる値を設定することであり、低すぎると事業の費用対効果や必要性が問われる一方、高すぎると事業目標の実現可能性や目標設定の信憑性が問われることになる。

注

(1)　山本恒夫「都道府県社会教育行政における計画の意義と定義」、国立教育政策研究所社会教育実践研究センター『地方公共団体における社会教育計画等の策定及び評価に関する調査研究報告書』、平成20（2008）年４月、10頁。

(2)　浅井の定義を一部修正した。井内慶次郎監修、山本恒夫／浅井経子／椎廣行編『生涯学習［自己点検・評価］ハンドブック』文憲堂、平成16（2004）年、10頁。

(3)　同上。

(4)　注(2)掲書、58頁。

(5)　小野達也／田渕雪子著『行政評価ハンドブック』東洋経済新報社、平成12（2001）年。

第４章　社会教育の対象の理解と組織化

第１節　社会教育の対象を捉え組織化する

１．学習者の特性の理解

誰が、あるいはどのような人（対象）が学習するのかということは、何のため（目的）に、何（内容）を、どのように（方法）学習するかに関わり重要である。学習者あるいは学習集団の特性を理解し、その学習ニーズを把握しなければ、よりよい企画立案はできず、効果的な学習支援はできない。社会教育の対象を理解するために、人が生涯にわたる発達段階において、学習者としてどのような特性とニーズがあるのかみてみよう。

(1)　生涯発達からみた学習者の区分と発達課題

生涯学習を支える社会教育は、乳幼児から高齢者まで幅広い年齢層の人々に学習の機会を提供している。生涯にわたる学習機会の提供は、人間は生涯を通して成長し発達を遂げるものである、という考えを前提にしている。人間の発達に即して人生の各時期を区分したものが発達段階であり、健全な発達を遂げるために各段階において達成しておくべき課題を発達課題と呼ぶ。各時期に固有の特徴、特有の状態があるならば、それにうまく適応し、発達を遂げることができるかどうかは重要なことである。

従来から学習課題設定の指標として用いられてきたハーヴィガースト（Havighurst, R. J.）の発達課題論[(1)]、エリクソン（Erikson, E. H.）のライフサイクル論[(2)]などの標準化モデルは、その時代の欧米の社会・文化的価値が反映されていることもあり、現代の日本社会には必ずしも当てはまらない内容もあるが、人生を幾つかの発達段階に分け、各段階の（生物学的、心理・社会的）特徴と課題を示したことは参考になる。

学習は基本的には多様な個人の多様な営みであるが、人生のある時期により多くの人が共通して迎えるであろう状態や直面するであろう課題を想定することはできる。

ここでは、生涯発達からみて、人生を乳幼児期、青少年期、成人期、高齢期に区分して、各期の学習者としての特性を考える。

⑵ 属性等による対象の特化

発達段階からみた学習者の区分のほかに、課題によって特定の属性をもつ対象に限定される学習もある。例えば、従来では婦人（今では女性)、勤労青年のための学級などがあった。現在でも、復職・起業を考える女性のための講座や、障がい児（者）のキャンプ、男の料理教室など、その属性に特有の課題や学習ニーズに対応する学習が提供されている。そこには幅広い年代の女性が参加したり、小学生から青年までの障がい者がともに活動したり、若い父親も退職後の男性もいる、というように、発達段階を超えた多世代を対象としていることも少なくない。また、高齢者と子供を対象にした世代間交流事業もある。

この章では学習者の特性を発達段階による区分でみていくが、実際の事業では特定の属性に特化した対象や、様々な発達段階の学習者が混在する学習集団がある。

⑶ 学習課題の二つの側面──「個人の要望」と「社会の要請」[3]

学習の出発点は個人のニーズである。学校教育とは異なり、学習の目的は人それぞれであり、内容や方法も学習者が選択できる。主体的な学習を尊重する社会教育は、学習者のニーズに応えることが求められている。多様化、高度化した個人の要望に、社会教育行政だけではもはや対応できない。様々なニーズに応える多種多様な課題の学習が、民間団体や NPO、大学などによっても提供されている。また、学習者自身による自主的なグループ・サークルも生まれている。

このような状況の中で、行政が推進する社会教育では「個人の要望」による学習以外に、「社会の要請」に応える学習も期待されている。例えば、現代的課題や地域課題[4]に対応する学習を意図して市民に問題提起を行うなど、社会的に必要とされる課題に取り組む学習活動のきっかけをつくることが期待されている。

学習者の特性と発達段階からくるニーズだけでは導き出せない学習課題があるのである。

２．個人学習の支援と学習集団形成の支援

学習の形態には、個人学習と集合学習がある。実際の学習場面では、集合学習の間に個人学習をはさむなど相互補完的に展開することも多い。

(1)　個人学習の支援

社会教育における学習は、個人の興味・関心やニーズからはじまる。個人学習は、個人がある学習目的を達成するために、学習媒体などを用いて計画的・継続的に一人で学習する形態である。学習者は、自分の問題意識にそってテーマを設定し、自分の好きな方法を選んで都合のよいときに自分のペースで学習を進めることができる。

学習媒体には、図書・雑誌・写真などの資料、通信・放送、CD・DVD、インターネットなどがある。図書館、博物館などの施設利用や、社会通信教育、公開講座・講演会（集会学習）などへの参加等、施設利用や学習機会の活用によって可能性が広がる。

個人学習を支援するためには、個々人がそれぞれの学習目的や条件に適った学習を選択できるように、学習環境を整備し、多様な学習情報を収集・整理し

て提供することや、個別の相談に対応できる体制が求められる。

⑵　学習集団形成の支援

①　集合学習の形態と期待される効果

集合学習は、複数の人々が集合して進める学習形態で、a．講演会や展示会・音楽会などのようにテーマに応じて希望者がそのつど自由に参加する集会学習と、b．グループ・サークルや団体・NPOの活動、学級・教室等のように参加者の集合が意図的・組織的・継続的で、相互学習や共同学習などを行う集団学習の二つに分けることができる。集団学習には、公民館、青少年教育施設、女性教育施設などの施設を利用する学習もある。

集合学習、特に集団学習は、a．より多くの情報を入手し交換できる、b．目的や目標を共有するので学習活動がぶれにくい、c．話し合い学習などにより問題の理解や認識を深めることができる、d．相互援助により知識や技術を身に付けやすい、e．励ましあったり助け合ったりすることで活動が継続されやすい、f．役割分担や作業などを通して社会的態度が形成される、g．地域課題や社会的課題に共同で取り組むことができる、h．経験を共有することによって仲間意識や心の絆が生まれる、というようなメリットが考えられる。

以上のような効果は、集まった人たちの資質、人間関係能力、経験やリーダーの力量などが影響するし、集団形成過程での活動内容が大きく関係する。学習集団の組織化とその支援が大切なのはそのためである。

②　学習集団形成のプロセスと指導者の支援

学習集団は一般的に次のような活動プロセスをたどる。

ｉ　集合期

様々な学習動機と目的をもって学習者が集まってくる。お互いにはじめて顔を合わせるので、不安と緊張感がある。指導者への依存が強い傾向があるので、場面によっては主導的に指図するような指導も効果的である。この段階では、まず自己紹介や簡単なゲームなどでアイスブレイク[(5)]（icebreak）を行い、緊張をほぐすことからはじめる。また、学習のテーマについて参考となる資料や事例を提示して問題意識を刺激し、今後の学習へつなげるようにする。

ⅱ　交流期

メンバーがそれぞれの意見･情報を出し合い、交流を深めながら問題意識を共有していく段階である。初期の緊張がほぐれ、メンバーが自由に意見を交換できるようになる。交流の密度は高まるが自分勝手な行動も表れやすいので、前もって一定のルールを決めておくことが有効である。この段階の指導者は、全員が参画できているかを確認しながらメンバーのエネルギーの発散を見守り、意見を調整しながら集団を受容して次の段階へ備える。

ⅲ　活動期

メンバーの参画意識が高まり、集団に仲間意識が芽生えてまとまりと秩序が生まれてくる段階である。集団活動がメンバーの協力と共同作業によって目的に向かって行われるようになる。メンバー各自が自分の役割を自覚し、責任をもって活動する。この段階の指導者は、基本的にはメンバーが自覚的、主体的に活動するので、補助的・支援的な態度で関わるとよい。ただし、新たな問題に直面したり、慣れや疲れが出てくることがあるので、相談に乗ったり励ましたりする応援機能は大切である。

ⅳ　展開期

成熟した活動の時期である。メンバーがそれぞれの能力と経験を生かしながら役割と責任を果たし、全体を見通した判断や行動ができる段階で、集団はまとまって創造的な活動を展開することができる。この段階では、指導者は創造的な活動展開に協働的に関わっていくことが望ましい。

以上でみたように、学習活動そのものが集団の人間関係形成過程だと言える。人は、経験を共有することによってつながりを深める。経験の共有時間が長く、負荷の大きい経験ほど心理的な結び付き（仲間意識）は強まる。したがって、実際の学習活動ではKJ法[(6)]などのグループワーク（group work）を取り入れたり、寝食をともにする合宿研修を組んだり、発表の場を設定するなどの方法も効果的である。がんばった分だけ学習活動の達成感が大きく、はじめはばらばらに集まってきたメンバーが活動を通して次第に仲間集団になっていく。

複数の小集団が活動する場合には、集団間の競争意識を活用したり、小集団間で情報を交換・共有したり、問題を確認しあう場面を設定すると、全体の学習効果が高まる。

③　学習集団を支えるリーダーシップとフォロワーシップ

学習活動は、リーダーの存在に支えられる。随所に先導的な助言や励ましなどを挿入しながら集団の学習活動を支援し推進していく力がリーダーシップである。社会教育の学習集団では、次のようなリーダーシップが求められる。

a．集団の意義と目的を全員で共有し、目標を明確に示す

b．目標を達成するための手だてを明らかにし、集団の規範を示して役割を分担する

c．活動を通して個々のメンバーが能力を発揮し、意欲的に活動できるよう条件を整える

このようなリーダーシップを発揮するためには、コミュニケーションをとりながら各メンバーの性格や資質をできるだけ把握すること、そのために活動の過程でよく観察すること、リーダー自身が集団規範の模範を示すこと、情報を提供すること、学習活動にメンバーの意見を生かす機会をつくること、話しやすい雰囲気を醸成することなどが肝要である。

ただ、リーダーだけが奮闘しても他のメンバーが適切な行動をとらなければ集団の目標を達成することはできない。リーダーをフォローするフォロワーの役割もまた重要である。よいフォロワーはリーダーを尊重し、非難をせずに提案をし、集団全体として生産性が高まるように努める。フォロワーとしての体験を積むことも大切である。

第２節　乳幼児期の理解と親の組織化

１．乳幼児の特性と親の学習ニーズ

(1)　乳幼児の特性と発達支援

乳幼児期は、０歳から小学校就学前の時期である。

親など身近な人との安定した関係の中で、知性や自我、運動能力等の基礎的発達を遂げるべき時期である。特定少数の身近な人との強い情緒的きずなを形成することが、人間への基本的信頼と愛情を育てていく基礎となる。人との関わりを通じて認知や情緒を発達させ人格の基礎を形成していく。また、これからの社会生活の前提として、基本的な生活習慣を身に付けていくことも大切な課題である。

乳幼児を直接的に社会教育の対象とする学習活動はあまりないが、乳幼児をもつ親を対象とした教育・学習が想定される。親に対して、子供の成長・発達に必要なこと、しつけを行う上で配慮することなどを学んでもらい、子供の養育環境を整えて健やかな成長・発達ができるよう間接的な働きかけを行う家庭教育支援、子育て支援の活動である。

(2)　乳幼児をもつ親の特性とニーズ

社会の価値観が多様化する中で、若い親世代の意識やライフスタイルは多様化している。また、就労している母親も増えており、社会の子育て環境も変化している。したがって、乳幼児をもつ親もそのニーズも一様ではない。

親たちが抱える様々な問題のすべてに社会教育が対応できるわけではない。例えば、保育所を整備し、児童虐待に対処するのは福祉行政の仕事である。雇用環境を整備するのは労働行政の役割である。しかし、「子育ての仕方が分からない」ので教えてほしい、「しつけや育児に自信がない」ので相談したい、というような家庭教育のニーズに応えることはできる。また、他行政と連携するこ

とによってよりきめ細やかな対応が可能になる。

乳幼児は、大人の保護と世話がなければ生きていけない。この時期の育児は、もちろん楽しみもあるが、親にとって物理的、身体的、精神的な負担は大きい。日本では父親が育児に関わる時間は多いとは言えない。一般的に、乳幼児期の子育ての負担や家庭教育の責任は母親に集中している。そのため、家庭教育支援の対象も母親が主であることが多い。

2. 乳幼児をもつ親の組織化と支援

乳幼児をもつ親の活動には、親子を対象にするものと親のみを対象にするものがある。

(1) ゆるやかな親子集団——交流と共同の子育て

地域社会のつながりが薄れ、核家族化が進む中で、就園前の乳幼児をもつ親は孤立しがちである。身近な地域で複数の親子が気軽に集まれる場所が求められる。

乳幼児期は、月齢や年齢によっても子供によっても生活リズムや体力がかなり異なるので、一律の活動が難しい。また、若い親世代は直接的なコミュニケーションが苦手ということも少なくない。

そこで、出入りが自由で、誰がいつ来ても帰ってもよい、子供を遊ばせながら過ごすというようなゆるやかな交流の場である子育てサロンやサークルのような集団があるとよい。学級や教室のような学習はないが、子育ての先輩であるボランティア・サポーターや子育てをしている親同士の会話の中から、子育てに関する情報が得られる。また、悩みを相談することもできる。同じような悩みを抱えている人と話して「自分だけではないのだ」と安心したり、話を聴いてもらうだけでも気持ちが軽くなるということもある。

ただし、集団である以上、最低限のルールやマナーなどの約束事は決めておいたり、対応についてサポーターの共通理解を図るなどの準備や配慮は必要である。公民館や市民センター、児童館などを使っているところが多い。

子育てサロンを利用していた親が、自分の子育てがひと段落した後に、今度は自分がボランティア・サポーターとして支援する主体になったり、自主学習グループや読み聞かせなどのサークルに発展することもある。

⑵　乳幼児の親をつなぐ新たな支援

社会教育では、親のための講座や家庭教育学級などを開講しているが、できるだけ多くの親が参加できるように、平日の昼間だけでなく土日や平日の夜を活用する学習機会や企業への出前講座も企画している。それでも参加は親の選択に委ねられているので、教育に関心のある一部の親のみが集まってくることが多い。あるいは、学習機会の情報が届いていない場合もある。社会教育だけでは限界がある。

そこで、よりきめ細かな支援のために教育と福祉行政が連携して、問題を抱えている家庭を訪問し、特別な支援が必要な場合は行政の部署につないだりして、個別のニーズに対応している。家庭訪問や個別面談を重ねて信頼関係ができたのちに、孤立している親を子育てサロンに誘ったりサークルを紹介するなど、次の学習機会やグループにつなぐこともある。(詳しくは第7章第1節を参照)

最近では、メール相談やスマートフォンのサイトで子育て情報を提供するなど、ICTを活用した子育て支援も行われている。子供が寝ている時間など自分の都合に合わせて活用することができる。特定の関心によってつながるインターネット上のコミュニティも生まれている。「ネット上の集団」という新たな形態である。ネット上での交流が熟してくると、実際に集まって話をする「オフ会（オフライン会合)」に発展することもある。インターネット上の交流では、サイトの適切な管理とサポートが重要である。

第3節 青少年期の理解と組織化

1. 青少年の特性と発達課題

(1) 青少年期の区分と課題

青少年期は、学童期、思春期、青年期を含み、小学生から社会人になるまでの時期である。「青少年育成施策大綱」(平成15(2003)年12月9日 青少年育成推進本部決定)[7]では、おおむね30歳未満の者を対象として各年齢期の課題を以下のように述べている。

学童期：小学生期――後の成長の基礎となる体力・運動能力を身に付け、多様な知識・経験を蓄積し、家族や仲間との相互関係の中で自分の役割や連帯感などの社会性を獲得していくことが重要

思春期：おおむね中学生～高校生にあたる時期――自分らしさを確立するために模索し、社会規範や知識・能力を修得しながら大人への移行を開始することが重要

青年期：おおむね高等学校卒業以後にあたる時期――親の保護から抜け出し、社会の一員として自立した生活を営み、さらに公共へ参画し、貢献していくことが重要

すなわち、青少年期は社会的な自立を目指して「生きる力」を養う時期と言える。

(2) 「生きる力」の育成

学校教育における学習指導要領でも「生きる力」[8]の育成が課題となっている。「生きる力」は、基礎的な知識や思考力・判断力などの学力、思いやりや人間関係能力などの感受性や社会性、体力・身体能力、耐性(がまんする力)などである。

これらの力の育成が課題となっているのは、実際の子供たちに「生きる力」

が十分に育っていないという現状があるからである。人生を生き抜く力が付かないままに大きくなり、社会的に自立できない若者が増えている。

力を付けるためには、子供自身が体験することが大切である。例えば、体力を付けるには身体に一定の負荷をかけること、身体能力を高めるためには身体を動かしてよく遊ぶことなどが必要である。人間関係能力を磨くには、集団の中で様々な人と話し合ったり共同で作業をする体験を積むことが必要である。耐性を育むためには、多少の困難に耐えて子供自身で課題を乗り越える体験が欠かせない。

現代社会では、都市化、核家族化、科学技術・情報化の進展等による環境や生活様式の変化、親の意識の変化の中で、子供たちの遊びや生活も変化し、健全に成長・発達するために必要な体験が欠損しがちである。そのような体験を、社会教育では学習プログラムとして提案できる。今の子供たちに欠けがちな体験としては、自然体験、異年齢集団体験、自発的活動体験、社会参加・勤労体験、困難体験などが考えられる。

２．青少年の学習集団の組織化

ここでは、主として学童期・思春期の青少年について考える。

青少年期は、学校教育を中心に教育・学習がなされる時期である。青少年にとっては学校生活における集団が大きな意味をもっている。上述した課題への対応は学校の教育課程の中でも意図されている。しかしながら、学校教育は限られた時間の中での教科による基礎的な知識の修得に重きが置かれているので、直接体験の場が少ない。また、学年・学級など固定的な集団活動が中心で、柔軟性に乏しい。学校教育のみでは十分な発達支援が難しい。社会教育では、学習集団も活動も比較的自由に組織化することができる。学校教育と社会教育が連携することによって、集団学習の教育効果が高まることが期待される。（詳しくは第６章第４節、第７章第２節を参照）

しかし、義務教育の学校と違い社会教育事業への参加は個人の自由である。青少年の場合は保護者の意識が参加を左右することが多い。学校の呼びかけなども影響力がある。

少年自然の家、青少年交流の家などの施設利用学習、教室・講座、イベントなどの学習機会のほか、子供会、ボーイ・ガールスカウト、スポーツ団体など地域の青少年団体における活動もある。

⑴　体力・身体能力を高める集団活動や遊び

身体に一定の負荷をかけ、身体の諸機能を活用する運動や遊びが有効である。自然の家などを利用したウォークラリーや沢歩き、カヌー体験などは、戸外で力いっぱい身体を動かすことができる。集団活動のメリットは、多少の負荷も仲間と一緒なら励ましあってがんばれるということにある。また、ゲームや小集団ごとの競争などを仕組むと、楽しみながら意欲をもって取り組むことができる。

遠い施設でなくても、放課後子供教室や土曜教室（第７章第２節を参照）など校区内の日常的な活動の中で身体活動や遊びを設定することは可能である。異年齢でも一緒にできる鬼ごっこやボール遊び、縄跳びなど、全身の機能を使う遊びをしかけるとよい。

⑵　多様な仲間集団における協力活動と規律

社会教育では、かなり幅のある異年齢集団を組むことができる。子供が将来生きていく実社会には様々な人間がいる。社会の縮図として、学校生活とは違う異年齢集団の中で学ぶ意味は大きい。ルール違反やわがままが通らずにがまんすることも学ぶ。発達段階の違う仲間と協力する作業や活動の過程で、衝突したりすれ違ったりする体験も経て、年長者が年下のメンバーをいたわったり、リーダーシップを発揮する場面も出てくる。また、年下のメンバーは上級生に憧れ、上級生を模倣してがんばることもある。

集団宿泊のような共同生活体験を組むと、食事、後片付けや掃除など生活の様々な場面でいろいろな役割を担う機会をつくることができるので、集団の中で役割をきちんと果たしたときには、周りの仲間から感謝され、認められるという体験を積むことができる。指導者がみていてほめることも重要である。

青少年期は仲間集団の影響を受けやすい時期なので、集団全体にがんばる雰囲気が出てくると、メンバー一人一人にもよい影響を及ぼす。上級生などの核集団に規律ができると周囲がそれに同調して全体の規律ができてくる。リーダーを中心にルールについて事前に話し合ったり、グループの約束ごとを自分たちで決めるようにしむけるなどの支援が大切である。ある程度の集団規律ができれば、子供たちのより自主的な行動を促すことができる。大人の指導者は、規律を乱す行動に対しては厳しく対処することも必要である。

⑶　自然体験や社会体験を通した共同学習の組織化

学校教育は教科の中で自然界や社会の事象を学ぶが、どうしても机上の学習が中心である。体験を通して学ぶ場面は少なく、実体験が伴わない知識が多くなる。

社会教育では、環境を活用して直接体験を伴う学習活動がかなり可能である。公園や森の中を探検したり、自然の材料を使って工作したり秘密基地をつくることもできる。星の観察をしたり、ナイトウォークで夜の虫を観察することもできる。魚を獲ってさばき干物をつくる体験、貝を掘ってみそ汁をつくる体験、畜産や農林業の体験など、豊かな地域資源を活用した集団学習ができる。地域の協力を得れば、職業体験も可能になる。小集団ごとの調べ学習、まとめと発表など、共同で取り組むことで学習の効果も高まる。

また、自らが地域社会に貢献するボランティア活動は、人の力になれることに喜びややりがいを感じ、社会の一員としての自覚を培う機会となる。

第4節 成人期の理解と組織化

1．成人学習者の理解

(1) 成人期の課題と学習のニーズ

成人期は、社会人として自立するときから定年前後までの時期である。年齢で一律にあてはめるのは難しいが、あえて年齢で言えば、20歳くらいから65歳くらいまでである。ただし、近年は30歳を越えても社会的・経済的に自立していない若者が増えているため、前節の青少年期で示したとおり、青年期を「おおむね30歳未満の者」までとする捉え方もある。成人期に移行する節目は、個人差が大きいということが言える。

成人期は、一般的に職業生活があり、配偶者を選択して家庭をもち、子供を生み育て、自らの生活の充実のための活動だけでなく、地域社会などで市民としての役割を果たす時期である。男性と女性によって、あるいは仕事や家庭生活の状況によって、問題意識も学習課題もかなり違ってくる。また、成人前期と後期によっても課題は異なる。

学習のニーズは、社会的役割に関して生ずることが多い。一般的に成人は多くの社会的役割を担っている。例えば、社会人や職業人としての役割、夫や妻としての役割、親や子としての役割、地域社会における役割などである。期待される役割をうまく果たそうとするときに様々な課題に直面する。その課題を解決するための１つの手段が学習である。例えば、職業人として仕事上の役割をうまく果たそうとするときに能力不足を自覚して英会話やパソコンの学習をはじめる、PTA の役員になって子供の安全を地域で守る必要性を感じ、地域学習やボランティア活動を行う、親が年老いて介護が必要になったときに医療・福祉の学習をはじめる、というようなことである。

成人期の学習内容領域には、①家庭生活に役立つ技術、②育児・教育、③語学などコミュニケーション能力、④職業上必要な知識・技能、⑤教養的なもの、

⑥趣味的なもの、⑦健康・スポーツ、⑧地域・社会問題、⑨ボランティア活動のために必要な知識・技能などがあげられる。

⑵　成人学習者の特性

①　身体的特性

身体機能は徐々に衰えはじめる。特に成人後期では視力等の低下がはじまり、記憶力の衰えも自覚される。メタボリック症候群など生活習慣病を併発しやすい症状が気になりはじめる人も少なくない。職業人としても家庭人としても最も忙しい時期のため、運動不足であったり、食生活や生活リズムが乱れていたり、ストレスが大きく疲れを抱えている人も多い。生活習慣を見直し、身体機能や健康を維持するための活動、ストレスを解消するための趣味の活動やレクレーション活動などが求められる。

②　心理的特性

成人は主体的な学習者、自己主導的学習者である。学習の動機は自らの内にもっているため、ニーズに対応する学習活動を自ら選択する。基本的に興味を抱き、必要性を自覚しているテーマに取り組むので、学習のレディネス（readiness）[(9)]がかなりできている。

また、上述したように、直面している具体的な問題を解決するための課題解決型学習を求める傾向にある。すなわち、実生活に“役立つ”学習を求める人が多い。

仕事をしながら、あるいは育児や家事をこなしながら学習活動に参加し、学習を継続することはなかなか難しい。忙しい人にとっての時間は貴重である。したがって、学習に費やす時間に見合う成果をより強く求める。

学習についてのイメージは、これまでの経験が影響している。学習は楽しいものと感じている人もいるが、苦手意識や自信のなさを秘めている場合もある。一方自尊心が子供よりも高いので、恥をかくこと、プライドを傷つけられることを恐れる傾向がある。心情的に安心できる学習環境を整えることが大切である。

③　社会的特性

成人は、職業経験や生活経験などの人生経験が豊富である。したがって、知識や技術、能力もそれぞれの経験の中で蓄積しているものがある。集団学習では、それらの豊かで多様な経験を活用することができる。すべての成人が、ある特定のテーマについては講師になれると言える。

成人は自己主導的で自律的な学習者ではあるが、ともに学習する仲間の存在は大きい。職業上の人間関係や家庭内の人間関係とは異なる「学習の縁」でつながる人間関係によって、学習がより楽しくなり、活動が継続し、自主学習グループに発展する可能性も生まれる。地域社会で生活する主体として、地域の課題を認識する中心的な世代である。地域課題は一人では解決できない。集団学習によってより効果的な学習活動ができる。

2．成人の学習集団と支援

忙しい成人期には一律の集団学習活動への参加は難しい場合も多い。しかしながら、地域社会の問題のように個人ではなかなか対応できない学習課題もある。ここでは、地域課題に対処する学習集団の支援について考えてみよう。なお、地域にはPTA、婦人会、各種グループ・サークルなどの社会教育関係団体がある。また、学級・講座から自主的な学習活動グループが生まれることもある。

基本的な支援の留意点は、第1節の「学習集団形成のプロセスと支援」で述べた通りである。成人学習者の特性に関連して、特に配慮すべき点は以下のようなことである。

①　課題と問題意識の共有化

それぞれに問題意識があって参加しているとしても、既習の知識も人生経験も価値観もかなり異なるため、テーマに関して情報を共有し、「何が問題なのか」を共通理解することが必要である。

②　理論と実践の組み合わせ

地域や地域課題についての学習は、現実に地域で起こっている事象に対処するので、机上や座学の学習だけではなく、地域に直接関わって活動する実践が大切である。成人は地域で生活している当事者であるので、情報を積極的に収集し、人的ネットワークを活用して地域人材や団体との関係を主体的に開拓していくことが比較的容易である。

③　全員参加型の運営と活動

それぞれが人生で様々な経験を積んでいる成人の集団は、メンバーの個性が強く出ることがある。自分の信条や意見を主張する人もいれば、控えめで発言の少ない人もいる。共同学習は、メンバー全員の参画度が大切である。全員が発言し、全員が役割を果たし、同じようにグループに関わっているという意識をもてるようにすることが大切である。

④　人間関係深化のしかけ

人は、経験を共有することによって仲良くなる。研修室での話し合いや実習・実践も経験を共有する場である。人間関係をより深化させる工夫として、休憩時に茶菓で懇談したり、懇親会をもったりすることも効果的である。青年の家などを活用して宿泊を伴う研修にすれば、より長い時間を過ごし寝食をともにするので、メンバー間の距離が一気に縮まる。

⑤　経験の活用

それぞれがもっている知識や技能など、豊かな人生経験を活動に活かすことも可能である。活動の内容によって、それぞれの得意分野で活躍してもらうことができる。リーダー的な立場を経験している人が、集団をうまくリードしていく場面もみられる。

⑥　社会的承認と評価

志や問題意識をもって取り組んでいるとしても、地域課題に対処する活動は負荷の大きい活動である。楽しいばかりではない。取り組みの過程や活動の成果を地域がきちんと評価して、広報で紹介するなど社会的に承認することが大切である。地域の人に認められ、感謝されることによって、やりがいを感じ、継続する意欲も生まれる。

⑦　事務局の支援機能

事務局の果たす役割は、精神的にも物理的にも大きい。施設や場所の提供（使用料の減免対応なども含む）、情報（人材、施設・設備、教材・用具、助成金など）の提供、リーダー研修などの機会提供、広報誌での情報発信などのサポートや、地域の組織・団体や人材を紹介してつなぐというコーディネート機能も大切である。最終的には、自主学習グループが育って、学習集団の巣立ちを支援することが期待される。

第５節　高齢期の理解と組織化

１．高齢学習者の特性

⑴　高齢期の区分

高齢期は、おおむね65歳以上である。

多くは定年退職後、あるいは子供が独立して離れ、老後、余生と呼ばれる人生の最終段階である。平均寿命の延長とともに、健康に生きること、有意義に過ごすことが課題である。一般的に高齢前期と後期（おおむね75歳以上）ではその内容はかなり異なってくるが、年齢だけではなく個人差による違いも大きい。

⑵　高齢学習者の特性

高齢者も広い意味では成人であるので、社会的な経験が豊富であるなど前節で述べたこととの共通点もある。ここでは、特に高齢期に特有な点についてみていきたい。

高齢期には、次の３つの危機的課題がある。

①　心身の衰え

健康で元気な高齢者もいるが、どんな人でも衰えは必ずやってくる。衰えの下降線の緩急は個人差があるとしても、体力や身体機能が衰えることから逃れることはできない。「今までできていたことがだんだんできなくなる」学習者である。知的能力は学習によって維持できる部分もあるが、総体的には衰えには抗えない。身体機能が衰えてくると、精神的にも自信をなくして消極的になるなどの影響がある。

②　人間関係の先細り――孤立と孤独

退職によって、仕事上の人間関係から離れる。子供が自立すれば親元を巣立っていく。親や先輩は先に亡くなる。友人も徐々に先立っていく。夫や妻も通常どちらかが先に亡くなる。高齢期は、それまでの人間関係が少しずつ失われ、孤独な状況におちいりやすい。

③　やりがいの喪失

成人期は多くの社会的役割を担って忙しかったが、高齢期になると様々な役割から解放される。しかし、人は役割を果たすことによって他者から認められ、生きがいややりがいを感じることができる。役割がないということは、必要とされないということであり、やりがいを実感する機会がないということである。

２．高齢者の集団学習と支援

上記の３つの危機的課題を考えると、高齢者にとって学習集団は特別な価値がある。

第１に、学習活動によって心身の機能を使う。心身の機能は、「廃用症候群」[(10)]が示しているように使わなければどんどん衰えるので、適度な負荷をかけ続けることが肝要である。学習活動をするために外へ出かけ、歩き、人と話し、考え、気を遣う、という行動が、心身によい刺激を与え続けることになる。

第2に、集団学習を通して新たな人間関係が築かれる。地域に友人や仲間ができる。活動を続けることによって、人間関係のネットワークは広がる可能性を秘めている。

学習活動の場に参加するきっかけをつくることが大切である。声をかける、誘う、ということのほかに、協力を依頼する、というやり方もある。夫婦で参加する企画もある。

第3に、地域課題に対処する学習活動やボランティア活動は、地域社会に貢献する活動であるため、社会的承認を得て、やりがいを実感することができる。また、集団の中で役割を果たせば、メンバーとして自身の存在価値を実感できる。活動の過程で感謝の意を表明したり、ねぎらったりすることも重要である。

高齢期の集団学習は、地域で仲間とともに元気に過ごすための処方箋とも言える。

注

(1) アメリカの教育学者（1900～1991年）。身体的成熟、社会的・文化的要請や価値などから、幼児期、児童期、青年期、壮年初期、中年期、老年期の各期の課題を示した。

(2) アメリカの精神分析家・発達心理学者（1902～1994年）。「心理・社会的危機」（葛藤）という視点から、人生を8つの段階に分けて精神的発達を論じている。アイデンティティ（自己同一性）形成の過程を示している。

(3) 教育基本法（平成18（2006）年12月改正）第12条（社会教育）で、「個人の要望や社会の要請にこたえ、社会において行われる教育は、国及び地方公共団体によって奨励されなければならない。」としている。（傍点、筆者）

(4) 生涯学習審議会答申「今後の社会の動向に対応した生涯学習の振興方策について」（平成4（1992）年7月）で、「社会の急激な変化に対応し、人間性豊かな生活を営むために、人々が学習する必要のある課題」として「生命、健康、人権、豊かな人間性、家庭・家族、消費者問題、地域の連帯、まちづくり、交通問題、高齢化社会、男女共同参画型社会、科学技術、情報の活用、知的所有権、国際理解、国際貢献・開発援助、人口・食糧、環境、資源・エネルギー等」をあげている。

(5) 氷のように固まった場の雰囲気を溶かす意。会のはじめなどに、集まった人の緊張をときほぐし、話し合いなどの協働作業がしやすい環境をつくること、またはその手法のこと。

(6) 考案した文化人類学者、川喜田二郎氏の頭文字をとって名づけた発想法。多量の情報を集積、分類、統合していく集団学習の方法で、全員の発言を記録していくため、メンバーの参画度が高まり、共通理解が深まる。（川喜田二郎『発想法』中公新書、昭和42（1967年））

(7) 中央教育審議会答申「次代を担う自立した青少年の育成に向けて——青少年の意欲を高め、心と体の相伴った成長を促す方策について」（平成19（2007）年1月30日）で、用語解説「青少年」の参考資料とされている。

(8) 中央教育審議会答申「21世紀を展望した我が国の教育の在り方について」（平成8（1996）年7月19日）の中で、「変化の激しい社会」を生き抜いていくために、子供たちに「自分で課題を見つけ、自ら学び、自ら考え、主体的に判断し、行動し、よりよく問題を解決する資質や能力」、「自らを律しつつ、他人とともに協調し、他人を思いやる心や感動する心など、豊かな人間性」、「たくましく生きるための健康や体力」をバランスよく育んでいくことが重要、と提言した。学習指導要領でもその育成を課題としている。

(9) ある特定の学習について、身体の成熟、知識や興味、態度など、学習者に心身の条件が準備されている状態のことを言う。

(10) 介護・医療の現場で使われ始めた用語。長く寝たきりで過ごすと筋力が衰え、自分で歩けなくなってしまうというように、身体機能は使わなければ廃れるということ。

第５章　地域のニーズに応える社会教育調査とデータの活用

第１節　社会教育調査の意義と内容

１．社会教育調査の意義・必要性

社会教育に関わる事象を対象に、社会調査の手法を用いて行われるのが社会教育調査である。独自の手続きや方法があるわけではないが、仮説検証型の調査であっても、何らかの形で社会教育の実践に有効な資料を提供し、社会教育の問題の解決に貢献しようとするところに特徴がある。

社会教育を推進するための計画の立案や学習プログラムの開発などの際には、地域の現状やニーズを把握する必要がある。行政職員や団体のリーダーなどの経験や勘なども、地域のニーズ等を鋭く捉えることがあるが、それのみでは説得力をもち得ず、確かな証拠が必要になる。統計データは、地域のニーズ等を客観的に把握するための有力な資料の１つである。

統計データには、整理・保存され利活用できるものがあるが、全国のデータはあっても、地域のデータはみつからないことが多い。そのような場合に、全国調査のデータをもとに、計画を立てたり事業の根拠を示したりすることがある。しかし、全国調査のデータが当該地域にあてはまる保証はなく、それによって地域の傾向を捉えることは危険である。また、身近な地域のデータには、住民の関心を喚起する力があることから、データが存在しない場合には、地域で社会教育調査を行い、データを収集しなければならない。

２．社会教育調査の内容

社会教育の計画立案等に必要な地域のニーズに関するデータには、個人の学習ニーズと社会や地域の教育要請の２つの側面がある。

(1) 学習ニーズの把握

学習ニーズとは、「○○の学習がしたい」といった形で表現されるような学習に対する欲求や欲望、あるいは「○○の学習をしなければならない」といった形で表現されるような学習の必要性の自覚に基づく人々の意識のことである[(1)]。

生涯学習の支援では、学習者の自主性・主体性の尊重が原則とされていることから、調査を通して学習ニーズを把握し、その結果を社会教育の計画や事業プログラム等に反映させることが必要である。

(2) 社会の教育要請の把握

計画の立案等にあたっては、社会や地域の教育要請に応える視点も重要である。これに法的根拠を与えたのが、平成18（2006）年の教育基本法の改正で新設された第12条（「個人の要望や社会の要請にこたえ、社会において行われる教育は、国及び地方公共団体によって奨励されなければならない」）であるが、これ以前から住民の学習ニーズの有無にかかわらず、社会で生活を営む上で学ばなければならないような課題を「現代的課題」と呼び、関連する学習機会を積極的に設けることの必要性が指摘されてきた。そのような現代的課題は、国際社会、国家、地域社会などのレベルに共通すると言われているが、同じ課題であっても、具体的な中身は地域ごとに異なる場合がある。そのため、それぞれの地域で何が課題であるかを、具体的に明らかにする必要がある。

ただし、現代的課題のようなニーズは人々の意識に顕在化しにくく、住民対象のニーズ調査で質問しても十分な回答を得ることが難しいため、把握の方法については工夫が必要である。例えば、ふだんから地域の諸課題の解決に取り組んでいる地域のリーダー層を対象とした調査や、将来的な課題や方向性などを探る場合に用いられるデルファイ法（delphi method　同一人物に同一の内容の質問を、前回の調査の結果を提示しつつ繰り返す方法）を用いて専門家を対象に行う調査などが有効である。

(3) 学習関連資源の把握

住民の学習ニーズや地域の教育要請が把握できたとしても、直ちにそれを計画に盛り込んだり事業化できるわけではない。一方で、地域にある様々な学習機会を把握し、住民の学習ニーズや地域の要請とのギャップを明らかにした上で、それを埋めるための方策を検討する必要がある。また、地域にある様々な学習関連資源の現状を把握して、行政や地域の各団体等がそれぞれどのようなニーズや要請に応えられるかを検討しなければならない。その場合に、社会教育行政や地域の団体の経営力についても把握し、社会教育行政や各種団体が行えること、行うべきことを検討する必要がある。

このようなことから、地域のニーズに応える社会教育の計画等の立案には、地域の学習関連資源すなわち学習機会（事業）、学習施設・場所、学習関連機関・団体・グループ、学習教材などについての調査が必要になる。

〈事例から学ぶ①　Ａ町の調査[(2)]〉

Ａ町では、青少年育成町民会議が中心になって、町内の青少年育成に関係があると考えられる役場の各課や施設、地域の各種団体、サークル、民間企業など305か所を対象に調査が実施された。調査項目は、青少年育成活動への協力意思の有無と、他の団体等からの求めに応じて派遣できる「ひと」、貸出しできる「もの」、連携できる「こと」の４つのみである。調査終了後には、協力意思ありと回答した191団体分の「ひと」、「もの」、「こと」（Ａ町ではこれらを地域の教育力と捉えた）を冊子「Ａ町の教育力191――ひと・もの・こと」にまとめた。これは、青少年育成分野に限定した調査活動であるが、地域の教育力（学習関連資源）の把握とネットワーク形成の視点から、以下のような成果を指摘することができる。

ａ．質問項目が４つだけというシンプルな調査であるが、事業計画等の立案に必要な学習関連資源（地域の教育力）に関する情報を収集することができた。

b. 情報を冊子にまとめ配付したことで、コーディネート組織がなくても、団体間で資源の交換ができる、実効性のあるネットワークの構築が可能になった。

c. 民間団体が調査を担うことで、行政の縦割り組織にとらわれずに幅広い団体等に調査票を配付することができた。

第2節 調査の企画とデータの分析

1. 調査の企画

調査には、対象全体にできるだけアプローチし、大量観察によって問題を把握したり仮説を検証したりする統計的調査と、少数の事例を多角的に集中的に調べて現象の意味を質的に理解しようとする事例的調査がある。以下では、主に統計的調査の企画や分析、活用の際の留意点などについて述べる。

(1) 調査企画の基本

被調査者（調査回答者）には、国勢調査を除き調査に回答する義務がなく、調査は被調査者の善意の協力で成り立っている。そのため、公共性のある調査であっても、「被調査者の立場」で調査を企画し実施する必要がある。例えば、調査のねらいを明確にしたうえで、関係する調査項目を絞り込み質問数を可能な限り減らしたり、調査時期についても、対象者の生活パターンに配慮し、農村地域では農繁期、流入流出の多い都市部では年度末の調査を避けるようにする。

近年、調査環境が厳しく調査票の回収率の低下が問題となっている。原因は複合的で、すぐに効果の出るような有効な方策が見当たらないが、まずは、「被調査者の立場」で企画されているか点検することからはじめる必要がある。

⑵　調査の手順

調査は、「企画」、「準備」、「実施」、「集計・分析」、「報告・活用」の段階を追って進められるが、企画段階では、これと逆の流れで検討する必要がある（**表５－１**）。すなわち、「調査データを何に活用するのか（目的）」を明確にしたうえで、それに必要な「集計・分析の視点は何か」、そのために「どのような集計を行うか」、それには「調査票をどのように設計するか」の順で検討する。このように進めることにより、活用目的に沿った調査データを収集することができる。

表５－１　調査の流れと企画の流れ

（調査の流れ）↓	（企画の流れ）↑	段階	内容
		企　　画	調査のねらい、調査対象、調査項目、調査時期、調査方法などの検討
		準　　備	調査票の作成、標本抽出、集計・分析計画の作成、調査員への説明など
		実　　施	現地調査
		集計・分析	調査票の点検・回収、データ入力、データ分析など
		報告・活用	調査結果の発表、報告書の作成、調査結果の活用など

⑶　調査企画段階での検討事項

調査は科学的でなければならず、そのためには、一定の手続きにしたがって客観的に実施されなければならない。ここでは、そのような手続きの一部について述べることにする。

①　調査目的と調査項目

目的を絞り込み、調査で取り上げる内容を検討する。具体的な調査項目は、その検討結果に基づいて設定する。計画の立案に必要なデータの収集を目的とする調査では、計画をどのような枠組みや視点で設計するかによって、調査内容が決まる。したがって、まずは、計画の枠組み（領域）を設定し、そこから具体的な要素を導き出して、それに対応する調査項目を設定する。

②　調査方法

調査票を配付・回収する方法は、被調査者が調査票に直接記入する自記式と、聞き取った回答を調査員が調査票に記入する他記式に大別される。自記式には、郵送調査法や留め置き調査法、集合調査法、インターネット調査法があり、他記式には、面接調査法や電話調査法がある。それぞれの方法には、長所と短所があることから、対象者の特性や設問の量・難易度、調査経費、調査員の確保などを考慮して採用する方法を決定する(3)。各条件に適した方法を示すと**表5－2**のようになるが、実際には、複数の条件を総合的に判断して決定する。

表5－2　調査の条件と調査方法

条件	方法
a．設問の量が多い場合	⇒留め置き法、郵送法など
b．難易度が高い場合	⇒面接法、集合調査法など
c．費用が少ない場合	⇒インターネット調査など
d．調査員の確保がむずかし場合	⇒郵送法、インターネット調査法など

＊留め置き調査法：被調査者を訪問して調査票を配付し、数日間留め置き記入してもらい相手を訪問して回収する方法

③　標本抽出

調査には、調査対象者全体（母集団）に調査票を配付する全数調査（悉皆(しっかい)調査ともいう）と、母集団の中から、ある方法によって選び出された一部分（標本あるいはサンプル）に調査票を配付する標本調査がある。市民全体を対象とするような大規模調査の場合には、経費や時間の制約などから、一般には標本調査の方法がとられる。

ａ．標本抽出（サンプリング）の方法

標本調査は、標本の回答から母集団のことを推測する方法である。そのため、母集団の縮図になるように標本の抽出が行われなければならない。

標本抽出の方法は、無作為抽出法と有意抽出法に分けられ、社会調査の方法としては、一般には、無作為抽出法が用いられる。これは、調査台帳（母集団の名簿や台帳）から調査対象の誰もが標本として選び出される確率が等しくなるように考えられた方法であり、単純無作為抽出法、系統抽出法、多段階抽出法、層別抽出法などがある。どの抽出方法を採用するかは、母集団の大きさや

調査方法などを考慮して決定する。例えば、標本数が多い大規模調査を留め置き調査法で行う場合には、調査の管理が容易で、標本のデータから母集団の平均や比率の推定が簡単であるなどの理由から、多段階抽出法の１つである確率比例抽出法が用いられることが多い。

ｂ．標本数の決定

標本調査では、標本抽出に伴う誤差（標本誤差）が発生する。標本数の決定にあたっては、まず、標本誤差の許容範囲を決める必要がある。標本誤差を小さく設定すれば、標本数が多くなり精度は高くなるが、調査員や時間、経費等がその分必要になる。学習ニーズ調査などの場合には、それほど厳密な精度が求められるわけではないため、±２～３％程度とする場合が多い。

ｃ．回収率の重要性

母集団の縮図になるように標本抽出が行われても、被調査者全員が回答するわけでないために、回答者全体が母集団の縮図になっているとは限らない。回収率が低い調査の場合、多数を占める未回答者の動向が分からないままに、母集団の傾向を推定しなければならず、質問に対する未回答者の答えが回答者と大きく異なる場合には、回答者から得られたデータが標本全体を反映したものとはならない。一般に、ニーズ調査などでは、調査テーマに関心の高い人ほど回答する傾向があるため、未回答者と回答者の答えにギャップが存在する。

このような事態を回避するために、できる限り回収率を上げる工夫が必要である。例えば、郵送調査法では、調査の意義を丁寧に説明した事前のはがきや回答を促す督促状を送ったり、何らかの報酬を提供する場合には、調査票に同封して事前に送ったりすることなどが、回収率の向上に有効だと言われる。

２．集計・分析

調査の準備段階では、どのような分析を行うか、そのためにどのような集計を行うかについて計画を立て、調査票回収後には、計画に基づきデータの集計と分析を行う。データの分析とは、集計結果を読む作業である。カテゴリーの頻度に一定の傾向がみられるか、質問項目間に何らかの関係がみられるかなどについて考察することである。

⑴　傾向を読む

全体やカテゴリーごとの総量・総数に着目して傾向を捉えることである。年齢や利用回数など、四則演算ができる量的データの場合には、代表値から読みとる。

代表値とは、全体の特徴を１つの数字に表すことで分かりやすくすることができる値のことである。「平均値」は代表的な指標であるが、平均値だけで全体の特徴を読みとると、値が大きい少数の人に引きずられ多くの人の感覚とずれることがある。そのため、度数の分布が正規分布（左右対称の釣鐘型）にならない場合には、データを大きさの順番に並べたときの中央に位置する値である「中央値」や、回答した人の数が最も多い値である「最頻値」などにも注目する。

一方、性別や学習内容など、四則演算ができない質的データの場合には、単純集計の結果から傾向を読みとる。単純集計とは、各質問項目の選択肢に回答した人の数（度数）を集計し、比率を計算することである。

⑵　関係を読む

項目間の関係を読み解くことである。２つの項目が量的データの場合には、２つの変量（対象の性質を数量で表したもの）の関係の程度を表す相関係数、質的データの場合には、複数の設問を縦横に掛け合わせて集計したクロス集計の結果などが用いられる。これにより、現象や特性をより深く理解することができる。

⑶　データの背後を読む

複数のデータをもとに、データの背後に潜む本質や法則などを読み解くことである。例えば、ニーズと行動、あるいは需要と供給といった２つの調査データから、両者のギャップを読み解くことによって、ギャップが大きい、すなわち満たされていないニーズ（需要）を把握することができ、問題の所在や課題、方策等について検討する手がかりが得られる。

⑷　比較の際の留意点

問題点や課題を探るうえで、「比較」は有力な方法の１つである。

ニーズ調査などで、調査対象の平均的な傾向だけでなく、性や年齢、職業、居住地区といった基本属性などによって、どのような違いがあるかを知ることは、課題解決の方策等を具体的に検討するうえで有効である。このような質的な項目間の関係を知るための方法が、前述のクロス集計である。例えば、ニーズ調査で、性別と学習ニーズの有無や学習内容、学習方法などをクロス集計することで、男女で学習ニーズの傾向にどのような違いがあるかを探ることができる。また、学習内容や方法、目的などの項目間のクロス集計では、学習ニーズを構造的に理解することができる。なお、クロス集計によって示された属性や項目間の差が、母集団においても差があると言えるかどうかを確認する必要があるが、これを行う方法が、統計的仮設検定である。

一方、調査結果を他の調査結果と比較する場合がある。全国調査のデータとの比較は、当該地域の現状や課題などを探る上で参考になる。また、過去のデータとの比較は、その間に行われた施策や活動等の成果を評価する上で有効な方法である。しかし、質問文で用いられている言葉の概念や回答形式の違いが回答に反映されるため、数値だけをみて分析すると、誤った結論を導き出す恐れがある。

例えば、学習ニーズの有無を質問する場合、学習の範囲をどう捉えるかによって学習率が異なる。また、学習内容の希望について、回答形式が選択肢回答法か自由回答法かで回答率に差が生じる。自由回答法よりも選択肢回答法の方が、選択肢の学習項目を見て気づくレベルの潜在的な学習ニーズが含まれるため、回答率は高くなる。平成10（1998）年のNHKの学習関心調査では、まず普段から学習してみたいと思っていることを自由回答法で質問し、その後で、学習項目のリストをみせ、選択肢回答法で学習してみたいことがあるかを聞いているが、学習ニーズ率は、自由回答法よりも選択肢回答法で質問したときの方が約40%高くなった。[(4)]

(5) 分析の視点と調査票作成上のポイント

調査の目的にそったデータ分析を行うには、それに対応した調査票を作成しなければならない。学習ニーズ調査などでよく用いられる分析の視点について、それぞれ調査票作成上の留意点を整理したのが、**表5－3**である。

表5－3　データ分析の視点と調査票作成上の留意点〔例〕

分析の視点		調査票作成上の留意点
①地域格差	⇒	居住地域を項目に加える
②性・年齢等の属性による格差	⇒	性や年齢などの属性に関する項目を加える
③他地域との比較	⇒	比較する調査と学習概念や選択肢を同じにする
④経年変化	⇒	前回の調査票と可能な限り質問文・選択肢を同じにする
⑤学習内容・方法などに対するニーズの構造的把握	⇒	項目間のクロス集計を行えるように、1つの学習内容ごとに、その方法などを順に質問する
⑥需要と供給のギャップ	⇒	学習ニーズ調査と学習事業調査の項目や選択肢を同じにする
⑦学習可能性（学習行動と学習ニーズの間のギャップ）	⇒	学習行動と学習ニーズの選択肢を同じにする

(6) 標本誤差に注意して読む

経年変化を分析の視点にする場合などには、標本誤差に注意する必要がある。

例えば、過去の調査と同じ質問文、同じ形式で行ったところ、学習率が45％から47％になったとしても、母集団の学習率は上昇したと言えない場合がある。両方の調査の標本誤差がともに±２％と仮定すると、母集団の前回の調査時点での学習率は43～47％の間、今回の調査時点での学習率は45～49％の間であると推測され、重なる部分（45～47％）が存在するためである。

⑺　実態を考慮して読む

調査データを、頻度の大きさだけに着目することで、大事な情報を見失うことがある。実態を考慮して読むことの重要性について、次のＢ町の調査事例をもとに検討してみたい。

〈事例から学ぶ②　Ｂ町の調査[5]〉

「住民参加型の福祉のまちづくり」を進めてきたＢ町では、青少年の育成活動でもこの観点を取り入れ、地域の福祉・交流施設等との連携を図りながら、子供の福祉活動の取り組みを試行的に行おうと考えた。そこで、「子どもの学校外活動における福祉活動の推進」をテーマに、実践活動と調査活動を組み合わせた事業に着手し、まず子供を対象にニーズ調査が行われた。その際にポイントになったのが「子供の参画」である。今後、子供の参画を通して、地域の福祉活動を充実させることを想定し、調査では、参画意欲がどの程度あるのかを確認するための項目が設けられた。**図５－１**は、地域活動への参加経験と参加意欲の項目をクロス集計して、両者の関係をみたものである[6]。

この図は、地域活動への参画（計画に加わる）を希望する子供が9.4％であり、選択肢の中では、その他を除くと一番比率が低いこと、さらに、地域活動への参加経験が多いほど、参画意欲が高くなる傾向があることを示している。このことから、実践活動に対してどのような示唆が得られるのだろうか。

図５－１　地域活動への参加経験と参加形態の希望（Ｔ町）

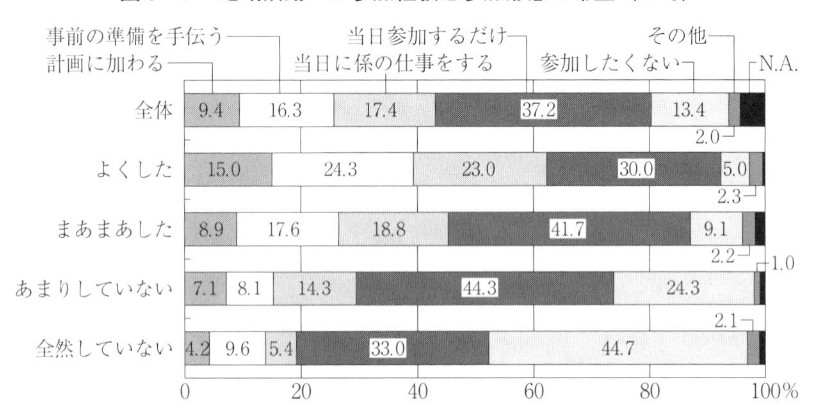

参画意欲をもつ子供が9.4％という結果は、数値の相対的な大きさだけで判断されると、「参画意欲は低い」として片付けられがちである。しかし、調査が実施された当時は、子供の参画の重要性が指摘されはじめたばかりであり、実際に地域活動に参画していた子供の数は少なかった。このような状況の中で、子供の地域活動を指導している住民の一人は、この図から、参画希望の子供が「約１割もいる」と捉えた。「現状と照らしてこの数値を読んだときに、１割という数値は決して小さくない。１割の半分でも実際に計画づくりに参加してくれたならば、地域活動の様子はこれまでとは異なるものになる」と考えたのである。ここがポイントである。単に数値の大小だけでなく、現状に照らしてデータを読むことが大事である。

なお、地域活動への参加経験が多いほど、参画意欲は高くなるという傾向があることが確認できたことから、地域活動に計画段階から参加できるようにすることは、これまで活動に熱心に取り組んできた子供に対して、ステップアップの機会をつくるという点で意味があるということも、この調査結果は示唆している。

第３節 調査データの活用

地域のニーズに応える社会教育を推進するために、調査データがどのように活用されるか、具体的な例を紹介しておきたい。

①　行政や機関・団体での事業計画の策定あるいは見直しのための根拠

行政や機関・団体での事業計画を策定したり見直したりする場合、関係者の合意を形成する必要がある。多くの人や団体を巻き込んで活動を展開するような場合には、合意形成を特に丁寧に行うことが、計画の策定や見直しだけでなく、計画に基づいて行われる活動を充実させるうえでも重要である。そこでポイントになるのが、策定や見直しの必要性について、地域の現状やニーズなどを把握した上で議論し、結論を見いだすことである。科学的な調査は、それらを把握するための確かな証拠を提供する。

②　予算の獲得、助成金・補助金の申請のための根拠

事業計画を立て予算を獲得する場合に、事業実施の必然性や事業効果についての合理的な説明が必要になる。民間の団体が、地域課題の解決をねらいとした助成事業に応募する場合にも、地域課題を的確に把握し地域のニーズに対応した企画になっていることが評価の対象になる場合がある。例えば、地域でどのような機能が衰退し、どのような問題が発生しているか、その一方で住民にはどのようなニーズがあるのかを、確かな証拠をもとに論理的に説明したうえで、活動のねらいや具体的な内容を提示することが求められる。この場合の確かな証拠になるのが、科学的な手続きのもとで実施された調査のデータである。

③　地域課題解決に向けた取り組みへの啓発

調査には、客観的に事実を把握するという分析的機能とともに、気付きやより高い理解へ導く啓発機能がある。調査票を受け取った人が、調査に回答する

過程で、調査で取り上げられている問題の重要性に気付いたり、その在り方について考えたりすることがある。さらに、調査結果がホームページや市政だより、会報などに掲載されたり、シンポジウムなどが開催され調査結果をもとに議論がなされたりすることで、住民の関心がさらに高まったり、課題が共有されたりする。このように調査データは、取り扱うテーマに関して、地域住民を啓発する資料として活用することができる。

なお、調査データの活用とは別に、調査結果の報告は、調査の回答者に対する調査主体の義務であることを忘れてはならない。

〈事例から学ぶ③　C町の調査[7]〉

C町は、「地域ぐるみの健全育成はどうあればよいか～大人と子供が共に育つ地域づくりを目指して～」をテーマに、実践活動と調査活動を組み合わせた社会教育事業を実施した。まずは、学校関係者、青年、大学生、地域の実践者、行政関係者をメンバーとする委員会が組織された。調査活動では、委員が調査票の作成や集計・分析を行い、大学教員と町の社会教育主事が活動をバックアップした。調査は、子供、保護者、教員2,000人を対象に行われ、調査結果は町の広報誌に掲載された。さらに、大人と子供がともに参加するシンポジウムが開催され、大人に交じって複数の高校生がシンポジストとして登壇した。シンポジウムでは、「地域ぐるみの健全育成はどうあればよいか」をテーマに、調査データを手がかりに議論が展開された。シンポジウムに参加した親子の家庭では、帰宅後も、シンポジウムの内容についての話し合いが行われた。

C町の調査は、青少年のふだんの生活の様子や考え、子供たちと保護者や教員の関わり方、規範意識などの特徴を客観的に明らかにした。さらに、2,000人を対象とした調査の実施と、調査結果をもとにしたシンポジウムの開催、調査結果の広報誌への掲載などを通して、住民に対し、青少年育成の重要性への気付きとその在り方について考える機会を提供した。

第４節　社会教育調査の課題と方向性

地域のニーズ等に関する調査データは、行政だけでなく地域の団体等にとってもプログラムの作成や予算の獲得のために必要になるなど、活用範囲は広い。そのため、地域の中で行われた調査のデータについては、地域の団体等が利・活用できるように収集と整理を行い、公開する仕組みをつくることが必要である。ただし、これを行うには、各調査の実施時に、被調査者に対して、データを広く公開することやデータの提供先などを明示しておかなければならない。

また、これまで地域のニーズを探るような調査活動は、行政が中心となって行われてきたが、自治体などが実施する調査の中には、C町のように専門家の手を借りながら、住民が主体となって企画から報告までの一連の活動に取り組み、その結果を計画の立案や実践活動に生かそうとする試みがある。そのような調査活動はニーズ等を客観的に把握・分析すること（分析的機能）だけでなく、地域の実態を学び地域の諸課題に対する問題意識を高める機会となる（啓発機能）、さらには、調査活動に参加した者同士のつながりを強化し、一体となって計画の立案や実践活動に取り組むきっかけとなる（凝集機能）といった、いわば副次的な効果をもたらす。生涯学習への住民の参画の重要性が指摘される今日、このような住民を巻き込んだ調査活動は、それを促す有力な手段となる。

注

(1)　浅井経子「学習者の学習需要把握」、伊藤俊夫他編『新社会教育事典』第一法規出版、昭和58（1983）年、267頁。

(2) 青少年育成国民会議編『青少年育成国民運動実践調査研究事業報告書』、平成13（2001）年3月、120-134頁。
(3) 調査方法の手順と特徴、及び以下で述べる標本数の算出方法や無作為抽出の方法と手順などについては、山本恒夫ほか編『社会教育計画』（文憲堂、平成19（2007）年、76-85頁）を参照のこと。
(4) 学習関心調査プロジェクト「学習関心調査報告1998　人々は何を学んでいるか」、『放送研究と調査』第48巻第9号、平成10（1998）年9月号。
(5) 青少年育成国民会議編『青少年育成国民運動実践調査研究事業報告書』、平成12（2000）年3月、36-50頁。
(6) この図は、平成11（1999）年11月10日に開催された青少年育成国民運動実践調査研究事業秋田県鷹巣町（現北秋田市）実施委員会において、筆者が報告した調査結果の資料をもとに作成した。
(7) 青少年育成国民会議編『青少年育成国民運動実践調査研究事業報告書』、平成14（2002）年3月、22-39頁。

参考文献

- 杉山明子編『社会調査の基本』、朝倉書店、平成23（2011）年
- 水谷修「社会教育計画と社会教育調査」、山本恒夫他編『社会教育計画』文憲堂、平成19（2007）年、71-85頁
- 水谷修「課題解決の方法——統計データの読み方・活用法——」、社会通信教育協会『生涯学習支援実践講座生涯学習新コーディネーター新支援技法研修』第Ⅰ単元テキスト『地域におけるネットワーキングと課題解決型学習の技法』、平成26（2014）年1月、111-120頁
- 水谷修「社会教育調査法」、日本生涯教育学会『生涯学習研究ｅ事典』http://ejiten.javea.or.jp/content.php?c=TmpBeE1EVTE%3D（平成26（2014）年9月25日閲覧）

第6章　学習プログラムの編成

第1節　学習プログラム編成の技術

1．学習プログラム立案の目的

ここで言う学習プログラムとは、学級講座等の全過程についての計画のことで、主に学習支援者や学習機会提供者が中心となって立案するものである。一定様式にまとめた予定表そのものを指すこともある[(1)]。ただし、設定する者は必ずしも学習支援側とは限らず、学習者が自ら立案する場合もある。学習プログラムを立案する目的は、取り上げるべき内容やその配列、教材や指導者等の組み合せを検討し決定することで、より効果的な学習機会をつくるところにある。それを予定表として学習者に示すことは、学習希望者への広報として学習内容等の情報が示されることにより、学習希望者が学習機会等を選択する手がかりとなる。また、学習者（参加者）に対して学習計画の詳細が示されることにより、学習者が学習を進める際の手助けとなる。学習支援者や学習機会提供者にとっては指導者や教材・教具等の詳細が示されることにより、運営（実施後の評価等も含む）する際の手引きとなる[(2)]。

2．社会教育計画における学習プログラムの位置づけ

社会教育計画における学習プログラムの位置付けについて述べておくと、自治体によっては様々ではあるが、一般的に社会教育計画には、第3章で述べたように計画期間が5～10年ぐらいの長期計画、3～5年ぐらいの中期計画があり、それに基づき当該年度に行う事業を計画した年間事業計画（単年度計画）が立てられる[(3)]。さらに、この年間事業計画に基づき、個々の具体的な事業についての計画が策定される。事業には、①基盤体制整備、②情報提供、③○○運

動の推進、④調査研究、⑤学級講座、⑥イベント等がある[4]が、ここで取り上げる学習プログラムは、厳密に言えば⑤学級講座型の事業計画のことである。実際に社会教育施設等では学級講座型の事業を多く実施しており、その計画策定の頻度が比較的高いことから、学習プログラムをそのまま事業計画（または個別事業計画）と呼ぶ場合もある。また後述するが、学習プログラムの各回（コマ）の計画を展開プログラム（または学習展開計画）と呼んでいる。したがって、社会教育計画における各種計画にあって、学習プログラムは年間事業計画の下位計画に位置付くと同時に展開プログラムの上位計画に位置付くものである。学習プログラムは**表6－1**のような様式にまとめられたものが一般的であると考えられる[5]。

表6－1　学習プログラムの例

①	事　業　名	これからのまちづくり～安全で快適なA市ガイドブック作成事業～
②	事業の目的(趣　旨)	災害対策を含むA市ガイドブック作成を通じて、これからの安全で快適なまちづくりを目指す住民参画を推進する。
③	実 施 主 体	A市教育委員会生涯学習課（協力機関：A市消防局）
④	対　象　者	A市内在住成人
⑤	定　　　員	30人
⑥	学 習 期 間	20** 年5月～7月（約2ヶ月）
⑦	学 習 時 間(回　数)	3時間×5回
⑧	学 習 場 所	A市中央公民館、A市民防災センター、A市内各所
⑨	学習の目標(ねらい)	・現在住んでいるまちの成り立ちの歴史を学びながら、これからのまちづくりへの参画意識を持つ。 ・現在住んでいるまちの災害対策の現状を把握しながら、安全で快適に暮らせるまちづくりの考え方を身につける。
⑩	プログラムの展開	

回	日時	学習テーマ	学習の内容	学習の方法・形態	学習支援者	教材・教具(学習用資料、備品も含む)	備　　考
1	5月9日(土) 13時～16時	互いを知り合い、A市の成り立ちについて知ろう	①開講式、オリエンテーション（学習の進め方ガイダンス） ②自己紹介およびグループ分け ③A市の歴史	①講義 ②演習（簡単なレクリエーションも含む） ③講義	①A市教育長、社会教育主事 ②社会教育主事 ③郷土史研究家	講義資料、データ投影用プロジェクター	場所：A市中央公民館

	2	5月23日(土) 9時～12時	A市の災害対策について、まち歩きをしながら調べてみよう	①グループ単位で各テーマに分かれてまちを歩きながら調査 ②グループ単位で調査結果をまとめる	①実習 ②演習（グループ単位）	①A市防災センター職員、災害救援ボランティア ②社会教育主事	記録用のフィールノート、カメラ、模造紙、ペン等の文房具	場所：A市中央公民館に集合後、グループ単位で市内各所へ移動 荒天の場合は5月24日(日)9時～12時に延期
	3	6月6日(土) 13時～16時	まち歩きの成果をまとめ、A市の災害対策の課題について話し合ってみよう	①前回の調査結果を用いたA市の災害対策の課題についての話し合い	①演習（グループ単位）	①A市防災センター職員、社会教育主事	模造紙、ペン等の文房具、パソコン、プリンター	場所：A市民防災センター
	4	6月20日(土) 13時～16時	A市ガイドブック作成～テーマごとにグループ作業～	①前回の話し合いの結果を用いたガイドブック作成	①演習（グループ単位）	①タウン誌編集者、社会教育主事	パソコン、プリンター	場所：A市中央公民館
	5	7月4日(土) 13時～16時	A市ガイドブック完成～安全で快適なまちづくりとは～	①前回作成したグループ単位のガイドブックを参加者全員で共有し1つのガイドブックにまとめる ②ガイドブックの今後の活用について、閉講式	①演習 ②講義	①タウン誌編集者、社会教育主事 ②社会教育主事、A市教育長	パソコン、プリンター、データ投影用プロジェクター	場所：A市中央公民館
⑪	評　価	「⑨学習の目標（ねらい）」の各項目が本事業を通じてどの程度達成されたかを測定するため、自己評価アンケートを第5回終了時に実施する。						
⑫	経　費	参加者負担金（参加費）500円（傷害保険料、飲料水等）						
⑬	広　報	A市ウェブページおよびA市民だより（市報）に掲載の上、参加者募集を行う。						

出典は注(5)に記した。

3．学習プログラムを構成する要素

一般的には、**表6－1**の中で設けられている①～⑬の項目が学習プログラムを構成する要素で、それら各要素の説明をまとめたものが**表6－2**である[(6)]。なお、「⑩プログラムの展開」は下位計画としての展開プログラムに直接つながるものであることから、学習プログラムとしてはもう少し簡略化されることもある。

また、「⑫経費」や「⑬広報」については、個別の学習プログラムでは省略され、上位計画である年間事業計画のところで他の学習プログラムとともに扱われる場合もある。

表6－2　学習プログラムを構成する要素およびその説明

No.	要素名	説　明
①	事業名	・学習プログラムのタイトルで、学級講座の場合はその名称にもなる。いわゆる施策名的な名称が避けられるとともに、内容や対象が分かるような名称となる。
②	事業の目的（趣旨）	・事業の実施主体として「何のために事業を開設するのか」が簡潔に表されるが、場合によっては事業を実施する背景、理由も含めて述べられることもある。
③	実施主体	・連携・ネットワークによる効果的な事業展開がなされる場合もあることから、主催のみならず、共催、後援、主管等もあわせて挙げられることもある。
④	対象者	・「②事業の目的（趣旨）」や「⑨学習の目標（ねらい）」に即して、⑴属性（性別、年齢等）、⑵生活者としての立場（趣味・同好者、親、勤労者、地域住民等）、⑶学習の経験度（未経験、初・中・上級等）などの観点から適切な対象が設けられる。
⑤	定員	・「⑫経費」を考慮して学習集団の規模が決められるが、あわせて「ウ．学習の内容」や「エ．学習の方法・形態」の特徴に即して検討されることもある。
⑥	学習期間	・「②事業の目的（趣旨）」や「⑨学習の目標（ねらい）」から適切な期間が設けられるが、その他「⑫経費」に加え、地域特性や学習者の生活実態も考慮される。
⑦	学習時間（回数）	・「⑥学習期間」と同様であるが、その他、「イ．学習テーマ」「ウ．学習の内容」や「オ．学習支援者」（特に講師の日程上の都合）、学習者の参加のための許容条件との関連も考慮される。
⑧	学習場所	・「⑥学習期間」と同様であるが、その他、「ウ．学習の内容」や「エ．学習の方法・形態」との関連を考慮の上、決定される。
⑨	学習の目標（ねらい）	・対象者である学習者の要求課題や必要課題を検討の上、設定される。 ・「②事業の目的（趣旨）」が事業実施主体としてのものであるのに対し、こちらは学習者の最終達成目標として、学習によって到達されるべき状態が示されることから、学習者を主体とした表記となる。
⑩	プログラムの展開	・「⑦学習時間（回数）」で設けた回数に即して、各回（コマ）における「ア．日時」「イ．学習テーマ」「ウ．学習の内容」「エ．学習の方法・形態」「オ．学習支援者」「カ．教材・教具（学習用資料、備品も含む）」「キ．備考」の具体的な内容が設けられる。
ア	日時	・「⑥学習期間」と同様であるが、特に、学習者の生活実態や「オ．学習支援者」（特に講師の日程上の都合）との関連で決定される。 ・複数の回（コマ）がある場合は、「ウ．学習の内容」に応じたインターバルを検討の上、適切な間隔で設けられる。

イ	学習テーマ	・「⑨学習の目標（ねらい）」との一貫性を考慮の上、当該の回（コマ）で何を学習するのか、学習者にとって分かりやすく親しみの持てる表現で設けられる。
ウ	学習の内容	・「⑨学習の目標（ねらい）」や「イ．学習テーマ」と一貫性を持たせ、学習者が何について学習するのかが分かるような表記となる。
エ	学習の方法・形態	・学習者がどのような方法で学習するのかが分かるような表記で、「ウ．学習の内容」を効果的に理解できるような適切な方法・形態が設けられる。 ・対象者である学習者の特徴を考慮の上、適切な方法・形態が選択される。
オ	学習支援者	・学習者のレベルに対応させるとともに、「エ．学習の方法・形態」との関連性が考慮される。 ・学習成果の活用を促すという観点から、過去の学級・講座の修了者に依頼したり、地域の人材の発掘に力を入れつつ、適切な学習支援者が選定される。
カ	教材・教具（学習用資料、備品も含む）	・「⑨学習の目標（ねらい）」および当該の回（コマ）における「イ．学習テーマ」「ウ．学習の内容」に対しての適切度、教材・教具の使用にかかわる学習者の経験や技術のレベル、教材・教具に対する当該の回（コマ）における「オ．学習支援者」の理解度や熟練度、地域性や学習者の日常生活との緊密性との関連を重視しながら選定される。
キ	備考	・ア～カ以外で必要と思われる事項や実施にあたっての留意事項について、学習プログラムの立案者や運営者の立場で設けられる。
⑪	評価	・「⑨学習の目標（ねらい）」の各項目が本事業を通じてどの程度達成されたかを測定するため、評価主体、評価方法、評価時期などが設定される。 ・必要に応じて評価領域・項目が絞られ、前年の実績や類似のプログラムなどを検討の上、評価基準・尺度が設定される。
⑫	経費	・場合によっては必要経費の総額も表記されるが、ここでは主に、学習者（参加者）が負担する参加費（受講料）の金額が設定される。
⑬	広報	・参加者募集をどのような方法（媒体）で行うのかが設けられるが、方法（媒体）は、地域性や学習者の日常生活の実態との関連を重視しながら選定される。

４．学習プログラム編成の手順

このような学習プログラムの編成にあっては、立案の手順（ステップ）を必要とする[(7)]。ここで言う編成とは学習プログラムを構成する様々な要素群を組織的にまとめることであるから、それらの要素についてどのような手順で検討していくかということになる。この手順についてもこれまで様々な研究が重ねられているので[(8)]、それらの成果を参考にすれば、前述の①～⑬については次の第１～第５の手順で検討を行っていくのが一般的であろう。もちろん、この手順は必ずしも固定化されているのではなく、必要に応じて柔軟に入れ替えられたりする。

〈第1段階〉　事業実施主体側に関わる要素の検討（既に決定されている場合は確認のみ）

この段階に関わる要素は「①事業名」「②事業の目的（趣旨）」「③実施主体」「⑫経費」であるが、これらは上位計画において既に決定されていることが多いので、その場合は確認のみを行う。

〈第2段階〉　学習者に関わる要素の検討

この段階では、「④対象者」「⑤定員」を明確にした上で、当該の学習者に関わる要求課題（当該の学習者が持っている学習要求から導出される学習課題）や必要課題（当該の学習者が行うべき学習課題）がどのような課題であるのかを検討する。なお、もし「①事業名」が上位計画の時点で仮の名称となっている場合は、この段階で検討を行う。

〈第3段階〉　学習の目標に関わる要素の検討

この段階では、前段階における要求課題、必要課題の検討結果を用いて、「⑨学習の目標（ねらい）」を焦点化する。この目標は評価を前提として立てられることから、この段階で「⑪評価」の内容の検討を行いながら評価可能な目標となるように検討を行う。

〈第4段階〉　学習の内容および方法・形態に関わる要素の検討

この段階では、「⑩プログラムの展開」内のイ～カの各要素の検討を行う。あくまでも原則としてであるが、前段階の検討結果を受けて学習の内容に関わる要素（「イ．学習テーマ」「ウ．学習の内容」）の検討を行い、その次に学習の方法・形態に関わる要素（「エ．学習の方法・形態」、「オ．学習支援者」、「カ．教材・教具（学習用資料、備品も含む）」）の検討を行うのが一般的である。

〈第5段階〉　その他の要素の検討

この段階では、残る「⑥学習期間」、「⑦学習時間（回数）」、「⑧学習場所」、

「⑩プログラムの展開」内の「ア．日時」、「キ．備考」、「⑬広報」を検討する。

5．学習メニュー方式の導入

今日では、学習者が自身の興味・関心に合わせて主体的に学習機会を選択して学習することが多いので、必ずしも定められた学習プログラムに沿った学習にニーズがあるわけではない。このため、プログラムの一部を学習者が選択しそれを幾つか組み合せ、学習者独自の学習計画をつくる学習メニュー方式[(9)]を導入することも必要になってくるであろう。もちろん内容によっては、学習プログラムの全てに参加することに意味をもつタイプも多くあり、必ずしもすべての学習プログラムに選択制の導入が可能なわけではない。

第2節　参加型学習のプログラム

1．参加型学習を支えるファシリテーション

ファシリテーション（facilitation）の基本的な意味は、「容易にすること」や「促進すること」である。新しい概念のようであるが、学習支援をする場面では必要な技能であり、研修等によって身に付けたり、経験を積むことによって伸ばしたりできる技術的な要素も強い。

ファシリテーションの魅力は、集団の学び合いの中での参加者の表情や姿勢の変容にみられる。短時間で参加者の関係性が築かれたり、学びの相互性の心地よさが感じられたり、支持的風土から気付きがうながされたり、次の学習参加への動機付けが行われたり、個人差はあるもののその効果は十分期待できるのである。

それを左右するのが、ファシリテーターの学習プログラムのデザインである。参加者の良好な関係性を築くメカニズムは、相互に思いやったり、敬意を払ったり、認め合ったりする中に存在する。結論的には、「聴く（身体全体で共感的に聴く姿勢）」ことや「訊く（相手のうちなるものを引き出そうと質問する姿

勢)」ことを参加者に強く意識してもらい、実行してもらうことが、学習の成果を最大限にする最善の方法となる。

2．参加型学習の意義

参加型学習とはワークショップとも呼ばれ（ただし、両者の概念は異なる）、「講義など一方的な知識伝達スタイルではなく、参加者が自ら参加・体験して協働で何かを学びあったり創り出したりする学びと創造のスタイル[10]」と定義される。また、ある問題を整理したり、解決の方向を導こうとする際に、参加者個人の学習経験や生活経験、職業経験等を学習資源として活用しつつ、参加者が相互に高い次元での解決を目指し、討議する場でもある。参加型学習による学習成果はもとより、学習プロセスを体験することで学習方法の獲得と活用も期待できる。社会教育の方法である自己教育と相互教育を有機的につなぎ、関連付ける方法として参加型学習は評価されている。

現在、国際理解教育、人権教育、環境教育、家庭教育等の様々な分野で数多くの参加型学習が実施されている。それぞれの分野の専門家が、参加型学習の中で活用するための教材を、地域から地球規模の課題まで様々に開発している。そこで活躍している専門家は必ずしも教育分野の人材ではなく、比較的短期間で参加型学習の経験を積み重ねながら自身の力量を高めている。これは、参加型学習があくまでも技法であり、学習支援方法の１つであることを意味するのである。

3．参加型学習と社会教育職員

社会教育職員（以下、職員）は、「餅は餅屋に」という感覚で、その分野の専門家を活用することこそ職員の役割であるという認識はいまだに根強い。参加型学習を取り入れた講座が担当できる専門家を講師としてみつけることが職員の重要な仕事であった。そのため、職員自身が参加型学習の技法を身に付け、講座を担当しようとする動機付けはこれまで乏しかったと言ってよい。学習講座のプログラミングこそが職員の専門性の中核をなすとの考え方から、社会教育計画や学習プログラムの開発にその精力を注いできた。

上記の技能が職員にとって重要な要素であることに違いはないが、かえってそれが職員の専門性をみえづらくもしている。参加型学習を企画し、担当できる技能の獲得は、従来の専門性と齟齬を生じさせるものではなく、むしろ親和的でさえある。学習者の反応を直接肌で感じる機会をもつことで、職員の力量および資質が高まり、新しい専門性を築く重要な足がかりとなることが期待されるのである。

4．参加型学習のプログラム

参加型学習には、参加者の内にあるものを引き出す機能や、気付きをうながし変容につなぐ機能がある。講座スタイルの参加型学習の典型的な展開からそれを解説するが、具体的なプログラムのイメージは、家庭教育についての学習用のワークシートと進行表で確認してもらいたい。ここでは参加型学習の効果が理解しやすく、汎用性の高い「ランキング（順位づけ）」を題材とした。

講座スタイルの参加型学習には次の３つの構成要素が不可欠とされる。①個人ワーク、②グループワーク、③振り返り・共有化ワーク、である。参加型学習といえば直感的に②が重視されがちであるが、②の効果を最大にするために①と③に大切な仕掛けが組み込まれている。

テーマは「子育ての悩み」であり、保護者同士で日常の子育てを振り返ってもらい、語ってもらいたいのである。まずは①の時間を確保し、該当するアルファベットを選択してもらう。②に入る前にグループの一覧表が作成され、違いが一目瞭然となったところから②がはじまる。通常であれば経験豊かでおしゃべり上手な保護者の独演場になりかねないが、全員の意思表示がなされているので、集団に埋没しない仕掛けが施されている。加えて、少数意見が目をひ

表6－3

ワークシート

子育ての悩みランキング～さて、みんなは？～

子育ては日常ですので、気になることがあっても忙しさにかまけて普段じっくり考えることができません。そこで、今日は子育てについて気になることを保護者同士で出し合ってみましょう。
まず、ありがちな悩みを書き出しました。これらのことは、みなさんにとってどれくらい気になっているでしょうか。A～Eから選んで記入して下さい。

子育てについて気になること	あなた	メンバーのなまえ			
生活リズムが乱れている（就寝時間や起床時間、朝食などがばらばら）					
家族での決まり事が十分でない（お手伝い、後片付け、犬の散歩など）					
家庭学習の習慣ができていない（宿題を後回し、机に向かわない、集中力がない）					

とても気になっている	A
気になっている	B
気にならない	C
すでにできている	D
大事なこととは思わない	E

〈上記のことで、工夫していることがあれば記入して下さい。〉

く仕組みとなっており、他者に興味がわいたり、自然と質問が出たり、話し合いの活性化につながりやすくなっている。

参加型学習には多くの方法や形態があるが、それぞれに利点をもっている。これらの技法をマスターすることで、参加者の学びの成果をさらに高める支援が可能となる。さらなる探求を期待する。

表6－4

進行表

テーマ：子育ての悩みランキング～さて、みんなは？～

◎ねらい　子育てについては、気になることはあってもつい放っておきがち。ここでは他の保護者がどの程度悩みながら子育てをしているのか情報共有をめざします。

分	主な活動	留意点	準備物
2	【はじめに】 家庭教育が大事なことは誰しもわかっています。でも、現状を考えると不安になることも多々あるような…。子育てで基本となるようなことを取り上げ、どれくらい気になる状況なのか、他の保護者と本音で意見交換してみませんか⁉		
5	【アイスブレイク】 ①4人グループ（G）に分かれてもらう。 ②自分の名刺を3枚作ってもらっておく。子どもの情報（学年・クラス・名前）自分の情報（名前・出身・ひとことPR)。Gの他の3人に渡し、自己紹介する。	①なるべく新しい組合せで。 ②ひとり1分で自己紹介をしてもらいます。5分で切るのでみんな発言できるように配慮してもらいます。	名刺サイズの用紙
8	【アクティビティ】 ①「子育ての悩みランキング～さて、みんなは？～」ワークシートを配布。シートを読み上げて、個人作業に入ってもらう。	①「あなた」の下に本人の名前を書いてもらう。A～Eの記入が済んだら「工夫」の欄に進むよう指示する。	ランキングシート
20	②Gのランキングの一覧表を全員で作る。みんなが発言できるよう、ひとり持ち時間を5分とし、他のメンバーは質問して発言をうながす。時間管理はファシリテーターが行う。	②日常の振り返りや意見交流が大切です。話しやすい環境づくりも勉強です。	
7	【シェアリング】 ①今日のワークショップで感じたこと・気づいたことをGで発表し、共有する。 ②時間のゆとりがあれば、全体で共有する。	①無理のないところで素直な自分を表現してもらう。	
3	【まとめ】 今日は、普段の子育ての悩みの度合いをみなさんで共有していただきました。お子さんの顔を思い浮かべながら話を聞いていたのではないでしょうか。また、話を聞いてもらうことはストレス解消につながりますし、話を聞くことは安心（時には焦り？）につながります。まずは保護者が安定することが子育てには大切です。保護者の輪・和を大切にしましょう。		

第3節 青少年の体験活動プログラム

1．体験活動の捉え方

体験活動の推進は、近年、青少年を対象とした社会教育の中心的な位置を占めている。体験を通じた学びやその支援は、青少年教育の中で伝統的に重視されてきたものではあるが、特に1990年代以降、体験を通じた学習プログラムの総称として「体験活動」という用語が用いられるようになり、政策文書等でもその重要性が繰り返し指摘されてきた。

例えば、平成25（2013）年の中央教育審議会答申「今後の青少年の体験活動の推進について」は、体験活動を「体験を通じて何らかの学習が行われることを目的として、体験する者に対して意図的・計画的に提供される体験」と定義し[(11)]、体験活動の内容として「生活・文化体験活動」、「自然体験活動」、「社会体験活動」の3つをあげている。ここで重要なのは、体験活動が「意図的・計画的に提供される」ものであることである。すなわち、体験活動プログラムは、単なる体験とは異なり、教育的な意図に基づき、青少年に必要だと考えられる体験を組織化・構造化したものなのである。そこでの体験は、教材のように教育の手段として位置付けられるものと言える。

こうした体験活動の推進の背景には、青少年の「体験不足」への懸念がある。例えば、国立青少年教育振興機構が2009年に20代～60代の男女を対象に実施した調査によれば、若い世代ほど「自然体験」や「友だちとのかかわり」が少なくなっている状況が見られた[(12)]。都市化や情報化、少子化等の社会の変化に伴い青少年の生育環境が変化する中で、上記の答申があげている3領域の体験等は、以前に比べると生育過程で自然に体験することができなくなっていると考えられる。こうした体験は青少年のいわゆる「生きる力」等の育成に効果的だと考えられていることから、体験活動プログラムを通じて、様々な体験を青少年に意図的・計画的に提供することが求められているのである。ここでは、体験が

「自然に（意図せずに）できること」から「わざわざ（意図的に）させること」へと変化したと言うこともできる。

また、体験が「わざわざさせること」になったということは、家庭環境等によって、様々な体験の機会に恵まれた子供と、そうではない子供との格差が生じやすい状況になっているということでもある。社会教育における体験活動プログラムの提供を考える際には、こうした格差の是正という問題についても配慮することが重要である。

２．体験活動の特性とプログラム編成の原則

⑴「何をするか」よりも「何のためにするか」から考える

学習プログラムとしての体験活動の特性として、多くの場合、目指される学習内容と、実際の活動内容とが直接的には対応しにくいということがあげられる。理科の授業の中で行われる実験や観察のプログラムのように、特定の知識の習得を目指して行われる活動であれば、個々のプログラムの中で想定される学習内容は明確であろう。しかし、社会教育関連の事業で多くみられるのは、自然体験や生活体験を通じて、コミュニケーション能力や主体性といった全人的な人格形成を目標にして行われるプログラムである。例えば青少年教育施設等で行われる登山のプログラムにおいて、多くの場合、プログラムを通じて目指されているのは登山に関する知識やスキルの習得ではなく、達成感や忍耐力の向上、グループづくり等であることが一般的であろう。こうした場合、登山に関する個々の活動内容と目指される学習内容は直接的には対応しているわけではない。同じ登山プログラムであっても実施方法やスタッフの関わり方によって参加者の学びは異なるものになるし、達成感や忍耐力等が育まれるのであれば、学習プログラムとしては登山以外の活動でもよいことになる。

すでにみたように、体験活動において個々の体験は手段にすぎないのであって、「何をするか」は提供側の教育目的（「何のためにするか」）に応じて設定

されるべきものである。しかし、実際には、「何のためにするか」が不明確なまま「何をするか」だけが設定されてしまっていることも少なくない。例えば、放課後子供教室等で、「子供に昔遊びを教えたいのだが、なかなか盛り上がらない」という声を聞くことがあるが、この場合も、昔遊びをすること自体を目的にするのではなく、昔遊びを通じて子供たちにどんな学習の機会を提供したいのかが意識される必要があろう。放課後子供教室の理念からすれば、子供が興味のない昔あそびをするよりも、ボランティアが子供たちに教えてもらいながら一緒にテレビゲームを楽しむ方が有意義であるかもしれない。このように体験活動プログラムの編成においては、「何のためにするか」を土台に、活動内容をアレンジしていくことが求められる。なお、「何のためにするか」の設定については、活動の条件（日程、場所、予算、人数、参加者の属性）や、プログラムの前提となる理念（法制度や中長期計画、主催団体のミッション等）を考慮しながら、具体的かつ達成可能な目標にすることが重要である。

⑵　活動の「結果」よりも「プロセス」に注目

「何のためにするか」を考えることは、プログラムの企画段階だけではなく、実施・評価の段階においても重要となる。

この点については、「活動の結果よりもプロセスに注目する」ことの重要性が指摘されてきた。例えば、登山のプログラムであれば行程の中で、一人一人の参加者がどのような体験をするかが重要なのであって、「予定通りに山頂に到着する」ことが重要なのではない。もちろん、山頂に到達することでこそ得られる達成感もあるであろうが、状況によっては山頂まで行かずに途中で引き返す方が参加者にとっての有意義な学びの機会になる可能性もある。

また、体験活動プログラムにおいては、目指される学習内容と、実際の活動内容が直接的には対応しない場合が多いため、学習成果の評価が困難であるという特徴がある。どのような体験によって、どのような学習が生じるかを特定するのが困難であり、同じプログラムに参加しても何を学ぶかは参加者によって異なることも多い。また、学習の成果がすぐに生じるとは限らないという問題もある。すなわち、体験活動は教育的な目的のもとに組織化・構造化された体験であるとはいえ、そこで参加者が得る学びをコントロールしにくい（だからこそ多様な学びが期待されてきたという面もある）のである。こうした状況において、プログラムを通じた明確な学習成果を求めることは、プログラムを柔軟性を欠いたものにしかねない。プログラムの運営・評価の各段階においては、参加者が「何をしたか」よりも、活動のプロセスの中で参加者にどのような気付きや学びのきっかけが提供できている（いた）かに注目していくことが重要であろう。

３．学習プログラム編成上の留意点

上記の原則に加えて、体験活動の学習プログラムを編成する上での留意点として、以下の５点があげられる。

①参加者の興味に基づく

参加者が活動に興味をもっているかは、プログラムが楽しいものとなるための基礎的な条件である。参加者が「やってみたい」と思って活動に取り組んでいるかによって、体験の質は大きく変わる。もちろん、参加者がやりたい活動だけを提供すればよいというわけではないが、参加者の興味を出発点として、徐々に興味を広げたり、深めたりできるプログラムが望ましい。この点については、冒頭にその活動の面白さを実感できるような要素を取り入れたり、やさしい活動から徐々に難しい活動になるような進行をしたりといった工夫が考えられる。また、個人またはグループ単位で何をするかを参加者が決められたり、選択できたりするプログラムも、参加者の興味に合わせた活動を展開しやすくなる。

②苦手な参加者・初めての参加者に合わせる

多くの場合、子供が「できること」には差がある。特に「自分だけができない／分からない」といった状況は、参加者にとって不安の大きいものである。できないことへのチャレンジを促すことも大切だが、参加者の不安や緊張の強いプログラムの序盤では、一人一人がきちんと活動に参加できるような配慮をしたいものである。特に、定期的に継続する活動では、慣れている参加者と初めての参加者との差が出やすいため、はじめての参加者が無理なく入っていけるような説明や内容にすることが大切である。

③活動を詰め込み過ぎない

体験させたいことが沢山あると、ついつい活動を詰め込んでしまいがちになる。しかし、せっかくの体験活動が忙しいものとなっては、参加者にとっても嬉しくないであろうし、そもそも１つ１つの活動にじっくり取り組めなくなってしまう。繰り返し述べてきたように、そもそも「何をするか」は参加者に働きかけるための手段でしかないから、目的に応じて活動を精選していくことが大切である。また、休憩や自由時間がほとんど用意されていないプログラムをみかけることがあるが、参加者の体力面、安全面を考慮する意味でも、また、参加者が自分のペースで自由に活動できる時間を確保する意味でも、こうした「すき間」の時間がきちんと設定されているかも確認しておく必要がある。

④起承転結を意識する

１つのプログラムは、一般に複数の活動（アクティビティとも呼ばれる）の組み合わせによってできているため、プログラムを立案する際には、どのような活動をどのような順番で組み合わせるかが重要となる。初参加者が多く、参加者の緊張感が高いことが想定されるのであれば、中心的な活動に入る前に、緊張感を解いたり、お互いが知り合えるような活動（アイスブレイク）を取り入れるのが有効であるし、体験を通じて学んだことを意識させるのであれば、活動の後に感想を言い合う等、その活動をふりかえる時間を取ることが有効である。プログラム全体の流れを意識して、より効果的に目的が達成できるように活動を配置していくことが大切である。

⑤安全・安心が守られる

安全に活動が行われることは、体験活動を行う上での絶対条件である。活動に伴うリスクを最小限に抑えるとともに、実際に事故が起きた時の対応をきちんと想定しておく必要がある。学習プログラムの編成段階においては、大きな事故をいかにして未然に防ぐかが重要となるため、実施場所に危険な場所がないかを確認したり、近隣の医療機関を調べておくといった事前準備が重要になる。また、物理的な「安全」だけでなく、心理的に「安心」できる環境であることが結果として「安全」にもつながることが多い。参加者が安心して活動できる環境づくりを心がけたいものである。

第4節　サービス・ラーニング導入の学習プログラム

1. サービス・ラーニングとは

サービス・ラーニング（service learning）は、ボランティア活動等の社会貢献活動を学習プログラムとして教育的に利用しようとする取り組みである。ボランティア活動と違って参加者の自発性を前提とするものではなく、むしろ前節で述べた体験活動プログラムの一領域として捉えることができる[(13)]。

ボランティア活動が、ボランティア自身の学びや成長につながるものであることは、繰り返し指摘されてきたことであるし、社会教育においては、こうした視点から伝統的にボランティア活動が推進されてきた。

サービス・ラーニングという場合には、ボランティア活動の教育的な意義を踏まえつつ、より積極的に教育プログラムとして組織化・構造化しようとするものを指す場合が多い。大学や高校等での、とりわけ正課の教育活動の中に位置付くものを指す場合もあるが、社会教育事業の中でこうした活動を取り入れた事例も見られる[(14)]。

ジャコビー（Jacoby, B.）は、サービス・ラーニングのキーワードとして「省察」と「互恵」を挙げている[15]。

「省察」は、サービス・ラーニングがボランティア活動とは異なり、教育のためのプログラムであることと関連している。すなわち、社会貢献活動をしただけで終わらせずに、活動のふりかえりを通じて、参加者が自分の経験を意味付け、自らの学びを意識するプロセスが重視されている。

「互恵」は、サービス・ラーニングが「教育」の枠内には収まらない取り組みであることと関連している。すなわち、サービス・ラーニングは参加者にとっては「学習の場」であると同時に「社会貢献の場」であり、従来の「実習」や「インターンシップ（internship　職業体験制度）」に比べ、参加者と受入先双方のメリットを同時に実現することが目指される[16]。

社会教育との関わりとしては、公民館等の学習プログラムにサービス・ラーニングを導入することや、社会教育施設や社会教育団体が大学等の実施する事業の受入先になることが想定される。

2．サービス・ラーニングにおける学習

(1)　知識の習得との関係

サービス・ラーニングを導入する目的については、想定される知識の習得との関係で２つのタイプが考えられる。

第１のタイプは、学ぶべき知識がすでに設定されており、学んだ内容を実践の中でより深めるために「社会貢献」型のプログラムが配置されている場合である。例えば、法律を学ぶ学生が、習得した内容をもとに地域の中で法律相談を行うこと等が考えられる。

第２のタイプは、特定の知識の習得を目的とせず、学習意欲や、コミュニケーション能力の向上等を目的に行われる場合である。この場合、多様な成長につながることが期待される一方で、目的が抽象的で学習成果が曖昧になりやす

いというデメリットもある。

(2)　事前学習と事後学習

サービス・ラーニングでは、事前学習と事後学習の機会が設定されることが一般的である。

事前学習においては、上記の第1のタイプの場合、講義等を通じた知識の習得が中心となる。この場合、教室で学ぶ内容が、活動を通じて学ぶ内容と相互に関連していることが重要である。

第2のタイプの場合でも、事前に参加する活動についての理解を深めたり、活動の目標を設定するなど、活動への動機付けになるような機会があることが望ましい。また、活動中のリスクマネジメントに関する学習なども重要である。

事後学習においては、活動のふりかえりが中心となる。「省察」は活動と学習をつなぐ要であるから、他の参加者や受入先から意見やクレームなどを聴取する等、多様な視点から活動をふりかえることができるような支援が望ましい。

サービス・ラーニングにおいては、学習成果の評価の困難さが指摘されることも多いが、評価は参加者・実施機関の双方にとって「省察」の一部でもある。自己評価や相互評価、アンケートの実施などを含めて多様な評価の視点を用意することが重要であろう。

3．サービス・ラーニング導入の留意点

(1)　実施体制の構築

サービス・ラーニングは、単独の機関で実施するのではなく、多様な機関の連携によって実施される場合が多い。提供できる活動内容が連携先に依存する場合が多く、様々な機関・団体とのネットワークの構築がプログラム実施の前提となる。

ネットワークの構築については、実施機関が単独で連携先を探す以外に、中

間支援団体と連携する方法もある。特に大学等と社会教育機関との連携については、社会教育主事がコーディネーターとしての機能を果たすことも考えられる。

いずれの場合においても、プログラムをより充実したものとするためには、プログラムの目的や、参加者の情報等を実施機関と連携先が十分に共有し、定期的に情報交換をしながら進めていくことが重要である。

⑵ 自発性と支援の両立

すでにみたように、サービス・ラーニングはボランティア活動とは異なるものであり、必ずしも参加者の自発性を前提とするものではないが、ボランティア活動のもつ教育的意義を最大限に活用するためにも、できる限り参加者の自発性を重視した運営がなされることが重要であろう。学校教育においては、必修科目で導入するかは議論が分かれるところであろうし、参加者が複数の活動の中から参加する活動を選択できる方が望ましい。一方で、もともと意欲の低かった参加者がサービス・ラーニングをきっかけに大きく成長することもあり、これはボランティア活動とは異なる教育プログラムの強みとも言える。こうした場合には、参加者に対する事前学習から事後学習までの継続的な支援が特に大きな意味をもつのであり、自発性と支援のバランスを意識したプログラムの運営が求められる。

第５節 指導者養成・研修プログラム

１．プログラム実施の基本的な考え方

社会教育の指導者は多岐にわたる。例えば、行政か民間（営利／非営利）か、フルタイムかパートタイムか、特定の活動拠点（社会教育施設など）をもつか否か、学習者への直接指導を行うか間接指導を行うかなど、様々な分類が可能である。そして、実際に各地で展開されている養成・研修プログラムもまた多

岐にわたるのであるが、その企画－実施－評価について共通して押さえておくべきことが２点ある。

１点目は、一つのプログラムの中で参加者が身に付けることのできる知識・技術は、プログラムの企画・運営者が通常想定（期待）するよりも限定的であるという点である。近年の養成・研修プログラムは半日～１日、長くても１泊２日という日程のものが大半を占めているが、１泊２日といっても特に遠方からの参加者が多く宿泊を前提とするならばプログラムの実施時間は10時間に満たない場合が多い。これが大学の一般の半期１コマ（２単位）の半分以下の時間であることを踏まえても、プログラムの内容の体系性を保つこと自体が容易ではないのである。

そのように考えると、プログラムの企画にあたってその実施時間の中での完結性を重視したり、テーマを１つに限定して集中的なプログラムを組んだりすることが適切かどうかという問題にも目を向ける必要がある。このような動向は、長期間あるいは連続・シリーズもののプログラムを実施することが企画・運営者の側にとっても参加者の側にとっても現実的ではなくなってくるにつれてより顕著な現象として現れてくるが、見方を変えればそれは当該プログラム以外の機会における知識・技術の獲得の場面を意識していない発想であるとも言える。

そこで２点目であるが、当該プログラムをその他の養成・研修プログラムさらには様々な場面と連動させなければ、当該プログラムの成果（アウトプットよりもむしろアウトカム）を正当に評価することは難しいという点である。社会教育に限らずどのような養成・研修プログラムについてもその内容の実践応用性が何よりも重視されることは当然と言えるが、一方でその実践応用性が当該プログラムのみで発揮されることが望ましいかどうかという点に留意する必要がある。

この点についての具体的な問題としては、当該プログラムで取り上げられた知識・技術のブラッシュアップ（brushup　磨きをかけること）を誰がどのような形で支援・保証するのかということがあげられる。当該プログラムが終了してしまえばあとは自己研鑽（けんさん）にゆだねるしかない、あるいはゆだねるべきだという発想から一歩進んで、社会教育指導者の勤務期間が他の教育指導者などと比較して決して長いとは言えないことも考慮しつつそのブラッシュアップの長期的なプロセスを、プログラムの企画・運営者も参加者も想定する必要がある。

2．プログラム実施の具体的なポイント

⑴　誰が企画－実施－評価に関与するのか

養成・研修プログラムの企画－実施－評価について、専門家と呼ばれる人が通常は存在しているわけではない。行政や各種団体が実施する研修においては、職務分掌として養成・研修担当が置かれていたり、研修委員会のような合議組織がプログラムの全体をコントロールしていたりという場合は少なくないが、その中にプログラムの参加者が含まれていたり、さらには参加者が中心となった企画・運営が目指されたりもしている。これは単に参加者のニーズをプログラムに反映させるという意味だけでなく、当該プログラムで取り上げられるテーマについての学習のプロセスの一部として位置付けることが可能であるが、企画・運営のノウハウがどこまで蓄積・発揮されているのかという問題も見落としてはならない。

⑵　何をテーマとして取り上げるのか

養成・研修プログラムのテーマは、次の３つに大別できるであろう。１つ目は、社会教育に関する基礎知識（法令や政策の概要などを含む）であり、年度はじめや初任者対象のプログラムを中心に多くの養成・研修プログラムに必ずといってよいほど含まれているテーマである。２つ目は、社会教育事業・活動のテーマに関する具体的な知識・技術であり、プログラムの実施主体によって

も顕著な違いがみられるテーマである。３つ目は、学習者の指導・支援に関する具体的な知識・技術であり、福祉・医療分野を中心とした様々な対人援助職の場合とも重なり合いつつ社会教育の独自性が意識されるテーマでもある。ともすればこれらのテーマを網羅するのかいずれかに特化するのかという視点からテーマの選択作業がはじまる場合も少なくないが、あくまでもそれぞれのテーマの必然性を天秤にかけながら当該プログラムに組み込んでいくことが重要であろう。

(3)　どのような手法で実施するのか

プログラムの手法の設定について取り上げられるトピックとしては、例えば遠隔学習を取り入れるのか、講義形式と演習形式のどちらに比重を置くのか、演習であれば討議や実習など具体的にどのような活動を含めるのか、シンポジウム／パネルディスカッション／フォーラムなどではどれを選択するのかというようなことがあげられる。また、プログラムのテーマとして学習者の指導・支援に関する具体的な知識・技術が取り上げられる場合には、それがそのままプログラムの手法として取り入れられることも少なくない。

加えて、情報交換会や懇親会などの名称で実施されるものであったり、アイスブレイクなどの名目で実施されるものであったり、参加者の関係づくりが目的とされる場面も養成・研修プログラムの成果の広がり・発展という観点からは軽視できない。ただし、様々なコミュニケーションツールが開発され日常的に使用されている現在において、そのような場面の意義ができるだけ発揮されるための企画・運営者の工夫が求められる。

第６節　学習成果の活用を促す学習プログラム

生涯学習社会構築のために学習成果の活用支援の必要性が指摘されて久しく、これまではその支援の一環として県民カレッジ等で単位を付与したり講座で修了証を出したりしてきた。近年、少子高齢化やそれに伴う財政難などの社会状況により、学習成果の活用の必要性はますます高まってきている。教育基本法の平成18（2006）年改正で学習成果を社会で適切に生かすことが言われ（第3条）、社会教育関連3法（社会教育法、図書館法、博物館法）の平成20（2008）年の改正でいずれも学習成果の活用やその支援についてが規定された。

様々な課題に直面している地域にとっては、その課題を解決するために、個人の学習成果をどのように活用していくかが重要になると考えられる。したがって、これからの学習プログラムにあって、学習成果の活用を促すプログラムの編成も求められるようになるに違いない。

そのような学習プログラムを企画するにあたっては、次の2つの視点が指摘されている[(17)]。その第1は学習者の学習経験からみた視点で、これは地域のために学習成果を活用するにあたり、一定レベルの知識・技術を獲得していることが不可欠になることから、対象となる学習者を学習経験の違いからタイプ化するものである[(18)]。第2は学習活動と学習成果の活用との時間的な関係からみた視点で、これは学習成果の活用が学習活動の後に行われるのか並行して行われるのかで大別するものである[(19)]。

これらの視点を参考に、本章第1節で取り上げた学習プログラムの例（**表6－1**）について検討してみると、例えば次のような工夫を加えたプログラム編成が考えられるであろう。

〈学習者の学習経験からみた視点の場合〉

学習者を学習経験の違いでタイプ化して検討し、当該の学習者（参加者）に欠けていると考えられる学習内容に力を入れたプログラムにする。注⒅であげたタイプ順に説明すると、①では、特に最近のA市の災害対策等の状況について詳しく取り上げる。②では、グループ単位の演習のみならず講義でも参加型学習の手法（本章第2節参照）も取り入れるなど実践力を付ける内容を盛り込むと同時に、災害対策に関わる最新の理論も取り上げる。③では、グループ単位の演習のみならず講義でも参加型学習の手法も取り入れるなど実践力を付ける内容をできるだけ盛り込みながら、その中で安全で快適な暮らしのために行ってきた過去の経験などを学習者同士が披露し合う。④では、A市の成り立ちや歴史に関する基礎的な内容を取り上げる。

〈学習活動と学習成果の活用との時間的な関係からみた視点の場合〉

学習成果の活用が学習活動の後に行われるのか並行して行われるのかを分けることにより、どの時点で学習成果の活用をしていけばよいのかがより自覚しやすくなる。注(19)であげたタイプ順に説明すると、①では、もし類似の学習プログラムが過去に実施されていれば、完成されたガイドブックを活用している経験者の話を取り入れるなどの実践的な内容を取り入れる。②では、学習プログラムを実施しながら作成したガイドブックを活用する活動を体験的に取り入れる。

注

(1)　岡本包治「学習プログラム」、日本生涯教育学会編『生涯学習事典（増補版）』東京書籍、平成4（1992）年（初版平成2（1990）年）、370頁。

(2)　坂本登「学習プログラム立案の方法」、岡本包治／坂本登／生住昭人／井上講四／緒方良雄／高橋寛『学習プログラムの技法』実務教育出版、平成元（1988）年、24-25頁。

(3)　井上昌幸「社会教育計画の立案」、浅井経子編著『生涯学習概論——生涯学習社会への道——　増補改訂版』理想社、平成25（2013）年、151-160頁。

(4)　葛原生子「事業計画」、国立教育政策研究所社会教育実践研究センター編『社会教育計画策定ハンドブック（計画と評価の実際）』、同発行、平成24（2012）年、91-93頁。なお、葛原は「学習講座」という用語を使っているが、本文ではより一般的な用語である「学級講座」を使った。

(5)　**表6-1**の事例は、国立教育政策研究所社会教育実践研究センター編『平成18年度社会教育主事のための社会教育計画「実践・事例編」』(同発行、平成19(2007)年)におけるO市青少年教育学習プログラム(54頁)、Y市成人教育学習プログラム(58頁)およびS市O区生涯学習によるまちづくり推進学習プログラム(112-113頁)を参考に作成した。

(6) 坂本登、注(2)掲書、27-76頁、および国立教育政策研究所社会教育実践研究センター編、注(5)掲書、3-8頁を参考に作成した。

(7) 岡本包治、注(1)掲書、370頁。

(8) 例えば、岡本包治「学習プログラム立案の手順と留意点」(岡本包治編著『学習プログラム立案――立案・展開・評価――』ぎょうせい、昭和55(1980)年、64-82頁)、菊池龍三郎「学習のプログラミング」(伊藤俊夫/山本恒夫編著『生涯学習の方法』第一法規、平成5(1993)年、79-102頁)、原義彦「学習プログラム編成の手順」(山本恒夫/蛭田道春/浅井経子/山本和人編著『社会教育計画』文憲堂、平成19(2007)年、98-101頁)など。

(9) 学習メニュー方式の考え方等については、例えば山本恒夫『21世紀生涯学習への招待』協同出版、平成13(2001)年、116-122頁を参照。

(10) 中野民夫『ワークショップ――新しい学びと創造の場』岩波新書、平成13(2001)年、11頁。

(11) この定義は、平成20(2008)年の中央教育審議会答申「次代を担う自立した青少年の育成に向けて」の中でなされたものである。

(12) 国立青少年教育振興機構『「子どもの体験活動の実態に関する調査」報告書』、平成22(2010)年、77頁。

(13) ボランティア活動を教育的に利用しようとする取り組みは、従来は「ボランティア学習」と呼ばれることも多かった。

(14) 社会教育事業でのサービス・ラーニング導入の事例として、放課後子供教室に関わる人材育成をテーマにした四街道市の事例などがある。国立教育政策研究所社会教育実践研究センター『成人(中高年等)の地域への参画を促す学習プログラムの開発に関する調査研究報告書』、平成24(2012)年、80-87頁。

(15) バーバラ・ジャコビー(山田一隆訳)「こんにちの高等教育におけるサービスラーニング」、桜井正成/津止正敏編『ボランティア教育の新地平――サービスラーニングの原理と実践』ミネルヴァ書房、平成21(2009)年、55頁。

(16) サービス・ラーニングにおいても、学習と社会貢献のどちらに重点があるかは実践ごとに多様であり、個々の用語の意味する分野は多分に重複している。

(17) 浅井経子「学習成果の活用支援」浅井経子編著『生涯学習概論――生涯学習社会へ

の道――　増補改訂版』理想社、平成25（2013）年、179-188頁。

（18）前注掲書、184-185頁。この類型化により、学習プログラム企画との関わりで整理したものが次の①～④のタイプである。

①日常経験・職業経験等の中での学習で知識・技術を身に付けているがその学習の時期が古いタイプ：学習プログラム企画の際、基礎的・理論的な学習内容とともに、最近の社会情勢等についても取り上げることが望ましい。

②意図的な学習活動で知識・技術を身に付けているがその学習の時期が古いタイプ：学習プログラム企画の際、最新の理論等を取り上げるとともに、体験活動等も取り入れるなど実践力を身に付けられる内容を盛り込むことが望ましい。

③意図的な学習活動で知識・技術を身に付けておりその学習の時期が比較的新しいタイプ：学習プログラム企画の際、体験活動等も取り入れるなど実践力を身に付けられる内容を盛り込むことが望ましい。

④日常経験・職業経験等の中での学習で知識・技術を身に付けておりその学習の時期が比較的新しいタイプ：学習プログラム企画の際、基礎的・理論的な学習内容を取り上げることが望ましい。

（19）同、185-186頁。これにより、学習プログラム企画との関わりで整理したものが次の①②の類型である。

①学習した後にその成果を生かし、その過程で学習課題を発見したときなど、新たな学習活動を行う類型：学習プログラム企画の際、その学習後に学習成果を生かして地域等で活躍してもらうことを想定して、理論的な内容とともに経験者の話を取り入れるなどして実践的な内容も取り入れることが望ましい。

②学習をしながら学習活動の一環として、成果の活用を同時並行で行う類型：学習プログラム企画の際、学びながら地域活動やボランティア活動を体験できるように、プログラムの中に学習成果の活用を位置付けられるような活動を取り入れることが望ましい。

第7章　学校、家庭、地域の連携協力と社会教育

第1節　家庭教育支援と社会教育

1．家庭教育とその支援

平成18（2006）年に改定された教育基本法では、家庭教育について、第10条で「父母その他の保護者は、子の教育について第一義的責任を有するものであって、生活のために必要な習慣を身につけさせるとともに、自立心を育成し、心身の調和のとれた発達を図るよう努めるものとする」と規定している。ここでは、保護者が家庭において責任をもって子供を育てることがうたわれているが、そのように述べられるのには、2つの理由があると考えられる。1つには、家庭における保護者と子供の関係は、教育上非常に意味をもつからである。例えば、他人への思いやりの心の土台となる愛情は、親から子への無償の愛を経験することで後天的に獲得されるものと言われている[(1)]。どのような親子関係にあったかが人格形成に与える影響は大きいのである。もう1つには、現代の日本においては、家庭という私的な（プライベートな）空間に公的な作用はできる限り介入しない、という立場からである。第1項に続く第2項でも、この点から「家庭教育の自主性を尊重しつつ」という文言が盛り込まれている。このように家庭教育は、私的な空間で行われるものでありながら、それゆえに尊重される家庭内での人間関係や毎日の家庭生活を通して、「人格の完成」を目指す教育において重要な役割を果たしている。家庭教育を行う保護者は、この重要性を認識し、子の教育にあたることが「第一義的責任」を果たすことになるであろう。

さらに、同条第2項では「国及び地方公共団体は、家庭教育の自主性を尊重しつつ、保護者に対する学習の機会及び情報の提供その他の家庭教育を支援す

るために必要な施策を講ずるよう努めなければならない」ことが述べられている。この条文からは、家庭教育の支援とは、家庭教育を受ける子供に対してではなく、家庭教育を行う保護者に対して行われるものであることが読み取れる。よりよい家庭教育を行おうとする保護者の学びを公的に支援すべきであることが、第１項の保護者の第一義的責任と合わせてうたわれているのである。

２．家庭教育支援[(2)]と社会教育

⑴　保護者の学びの支援と社会教育

１でみたように、家庭教育支援は保護者の学びの支援であると捉えれば、その学びは社会教育の中で行われることが多く、それを支援するということは、社会教育の中での学びの機会を充実させるということである。成人である保護者が家庭教育に関して学ぶ機会は、その多くが学校以外の場で提供されるのである。

実際、保護者に対しては、様々な場面を捉えて、多様な形態で、学ぶ機会が提供されている。以前から、妊婦とその夫を対象とした「明日の親のための学級」や学童期の保護者を対象とした「家庭教育学級」、思春期の子供の保護者を対象とした「思春期の子をもつ親のための講座」など、子供の発達段階に応じた内容別に、学級・講座が公民館等で開催されている。近年では、就学児健診、入学説明会など保護者が集まるときに併せて、家庭教育に関する学習講座が開催されることも多い。

家庭教育について学ぶ場合、保護者は、単に家庭教育に関連する講話を聞くよりも、子育て中の保護者同士で悩みや情報を話し合って共有するスタイルを望むことが多く[(3)]、また学び合いによって学習効果の高くなる場合も多い。そのような保護者同士がつながり合い、学び合えるような子育てサークル・グループの育成・支援が社会教育の中で行われている。そしてそれらの団体や保護者が子連れでも集えるような居場所づくり・居場所の提供も行われている。社会

教育関係団体の１つであるPTAの活動も、保護者の学びの場と捉えることができる。

また、家庭教育に関する悩みの相談も広く行われている。保護者は悩みを相談し、解決することで、家庭教育についての知識や技術など教育力を高めている。相談は、面接だけでなく電話でも行われたり、１歳半健診や３歳児健診に併せて受け付けたりする場合もみられる。

⑵　家庭教育を支援しようとする人たちの育成・活動と社会教育

⑴でみたような家庭教育支援、すなわち保護者の学びを支援しようとする人材を育成し、その人たちの活動の場を提供することも社会教育の中で行われている。家庭教育を支援する人たち（以下、家庭教育支援者と表現）は、「家庭教育支援員」、「子育てサポーター、子育てサポートリーダー」、「子育てコンシェルジェ」など地域によって様々な名称で呼ばれているが、行政がその任務を委嘱するにあたっては、一定の要件や研修を課している場合が多い。また、上記のような家庭教育支援者の養成講座を開き、その修了者を採用する場合もよくみられる。地域における団塊世代の活用という観点からも、自分自身の子育てが一段落した団塊世代に、最近の家庭教育事情に関する講義を受講してもらい、家庭教育支援者となってもらうような仕組みも増えてきている。

このような家庭教育支援者は、地域において、保護者が気軽に相談できるような存在であり、さらに地域の保護者同士が交流できるような集まりを開いたり、その集まりで家庭教育についてのきめ細かい助言を行ったりと、保護者の学びの機会を充実させる活動を行っているのである。

また、文部科学省では、この家庭教育支援者やその地域の民生委員や児童委員、また保健師や臨床心理士などの専門家が、チームを組んで家庭教育を支援する「家庭教育支援チーム」の取り組みを推奨している[(4)]。これは、家庭教育支援者個々の活動では対応しきれない場合であっても、支援者同士が連携・協力し、ときには学校や教育委員会などの行政機関や福祉機関・医療機関等との連携も図って、家庭教育を支援しようとする取り組みである。この取り組みにより、家庭、学校、地域のつながりがつくられ、深まることも期待されている。

3．社会教育の特徴を生かした家庭教育支援

2でみてきたような家庭教育支援は、確かに社会教育の中で行われてはいるが、「支援する側」と「支援される側（保護者）」を明確にして支援を行うという考え方は、「教える側（教師）」と「教わる側・学ぶ側（児童・生徒）」を設定して教育場面を考える学校教育的な発想に近いと捉えられる。社会教育において効果の高い学習方法・形態は集団学習で、そこでは誰もが教える側にも学ぶ側にもなる相互学習が行われ、この「教え合い、学び合い」が学習効果を上げていると考えられている。家庭教育支援が社会教育の中で行われるのであれば、支援の基本的な考え方自体に、このような社会教育の特徴を取り入れ、家庭教育支援施策を見直すことも有効であろう。すなわち、家庭をその周りや行政から一方的に支援を受ける対象として捉えるのではなく、地域社会の中で周りと関わり合い支え合う重要な一員として捉え、家庭教育支援を行政が問題のある家庭を支援するという発想ではなく、家庭と地域社会がお互いに支援し合い、学び合うという方向で施策を考えるのである[(5)]。

例えば、乳幼児とその保護者が老人ホームを訪れ、高齢者と触れ合う取り組みがあるが、この取り組みを通し、高齢者は子供を可愛らしいと感じ活力をもらい、保護者はわが子を他人に可愛がってもらうことで、自分の子育てを評価してもらえたと感じ、今後も子育てをがんばろうという意欲をもらう。支援を受けるだけではなかなか得られないであろう子育てへの意欲や親としての自分を肯定する気持ちが、支え合い学び合う取り組みの中で生まれるのである。同様に乳幼児と保護者が、学校を訪問し児童や生徒と触れ合う取り組みでは、保護者は高齢者との触れ合いで得るのと同様な意欲を得る一方で、児童・生徒は、

子供の可愛さと同時に、子育てがどういうものでありいかに重要なものであるかを保護者の様子から体験的に学び取る。社会教育的な学び合いの視点からならば、このような将来親となる世代の家庭教育に関する学習を、自然な形で設定することができるのである。

少子化の進む現代では、すべての家庭に子供がいるわけではなく、半数近くの世帯は成人以上で構成されている。そのような中で、子供のいる家庭のみを支援対象と捉えれば、地域が支援を受ける家庭と受けない家庭に２分され、支援を受けたばかりに地域においてはその家庭が孤立するという状況も招きかねない。実際、同一マンション内で子供の声がうるさいからと子供のいる世帯を排除しようとする世帯があり、そのような考えに同調する人々も少なくないのが現状である。子供も保護者も随分と生きづらい社会へと変化してしまっているのである。このような子育て家庭がますます孤立化する状況を打開するためにも、家庭に子供がいるいないにかかわらず、その地域で生きる子供はその地域で育てる、子供は社会全体で育てるもの、と捉え、地域が子供とその親の学習と成長を支援し、支援する中で地域の人も学ぶ、という支え合い、学び合う循環をつくることが非常に重要である。

第２節　子供対象の教育活動推進と社会教育

１．背景

子供対象の教育活動を学校の中だけで完結させるのではなく、家庭や地域との連携協力を得ながら行うことは、学校教育における改革の柱の１つであると同時に、地域の教育力向上も目指すものでもあるとされてきた[(6)]。具体的には、生涯学習審議会答申『生活体験・自然体験が日本の子どもの心をはぐくむ』（平成11（1999）年６月９日）での提言を受け、平成14（2002）年からの学校週５日制完全実施に対応した緊急３ヵ年戦略「全国子どもプラン」（平成11（1999）年度～平成13（2001）年度）、平成14（2002）年からは「新子どもプラン」がそれぞれ実施され、関係省庁の協力を得つつ、子供の体験活動の充実に資する各種施策が推進されている。これは、「生きる力」の育成を提言した中央教育審議会答申『21世紀を展望した我が国の教育の在り方について（第一次答申）』（平成8（1996）年7月19日）以降、その育成法としては地域での体験が有効であるとして地域活動重視の方針が打ち出されたことによるもので、その活動支援としてはプログラムへの子供の主体的参加などの方策も提言されている。中央教育審議会答申『青少年の奉仕活動・体験活動の推進方策等について』（平成14（2002）年7月29日）でも青少年の奉仕活動・体験活動の問題が取り上げられており、そこでは地域プラットフォームが提言されているが、これは、青少年から高齢者までの地域の人々、社会福祉協議会、地域組織（自治会、商店会等）、地域ボランティア、NPO等が参加して、公民館、余裕教室、地区センター等を活用して作る奉仕活動等のための地域拠点のことである。

さらに平成19（2007）年度からは、文部科学省と厚生労働省との連携による「放課後子どもプラン」が出され、放課後や週末等における子供の安全・安心な居場所を設けるとともに、学習や体験活動等の機会の提供が推進されている。このような動きは、平成18（2006）年に改正された教育基本法に第13条（学校、家庭及び地域住民等の相互の連携協力）が新たに設けられたことにも関係しており、さらに第2期教育振興基本計画（平成25（2013）～平成29（2017）年度）の基本施策の1つ「絆づくりと活力あるコミュニティの形成に向けた学習環境・協働体制の整備推進」の主な取り組みの1つ（社会全体で子供たちの学びを支援する取組の推進）を推進させるものとして位置付けられる。ここでは、その代表的な取り組みの1つである放課後および土曜日の教育活動について取り上げる。

2．放課後の教育活動

放課後の教育活動については、1の「放課後子どもプラン」の更なる充実が求められる中にあって、『「日本再興戦略」改訂2014――未来への挑戦――』（閣議決定）（2014（平成26）年６月24日）は「放課後子ども総合プラン」を打ち出した。共働き家庭が増加しつつある中で、子供の小学校入学後に女性がこれまで勤めてきた仕事を辞めざるを得ない状況となるいわゆる「小１の壁」を打破し、それとともに次代を担う人材を育成するため、文部科学省と厚生労働省の共同による「放課後子ども総合プラン」を年央に策定し、一体型を中心とした放課後子供教室・放課後児童クラブの計画的な整備を進めるというものである。共働き家庭等にあっては、子供の小学校就学後もその安全・安心な放課後等の居場所の確保という課題に直面する。また次代を担う人材の育成の観点からは、共働き家庭等の子供に限らず全ての子供が放課後等における多様な体験・活動を行うことが課題となっている。これら両面の課題への対策として、学校施設（余裕教室や放課後等に一時的に使われていない教室等）の徹底活用、放課後児童クラブの開所時間の延長、全小学校区での放課後子供教室と放課後児童クラブの一体的または連携した運用等を着実に実行することがあげられている[(7)]。

特に、放課後の場合、習い事や学習塾等の多様な学習機会を活用する子供がいる一方、そのような機会を有意義に活用することのできない子供もおり、この学習機会の格差が指摘されている。それへの対応として、一体型の放課後子供教室・放課後児童クラブにあっては、放課後子供教室における、室内で行われる学習支援（宿題の指導、予習・復習、補充学習等）や多様な体験プログラム（実験・工作教室、英会話、文化・芸術教室等）や、校庭での活動などの共通プログラムが想定されている[(8)]。

３．土曜日の教育活動

土曜日の教育活動については、その実施主体や扱う内容等により、次の①～③の形態に分類されている[(9)]。

①土曜授業：児童生徒の代休日を設けずに、土曜日を活用して教育課程内の学校教育活動を行うもの（国語、数学、英語等の教科活動や、総合的な学習の時間、特別活動等の教科外活動など[10]）。

②土曜の課外授業：学校が主体となって、希望者を対象として学習等の機会の提供を行うなど、教育課程外の学校教育を行うもの（部活動や希望者が行う校外活動の引率など）。

③土曜学習：学校以外の者が主体となって、希望者に対して学習等の機会の提供を行うもの。ただし、ここで言う主体には、教育委員会とそれ以外のもの（NPO や民間団体など）の２種類がある。

なお、**2** で取り上げた放課後子供教室などが主体となって土曜日の教育活動を行う場合は③（土曜学習）に該当するが、①（土曜授業）や②（土曜の課外授業）にあっても、学校が主体となりつつ放課後子供教室などが協力していくような形態が想定されている。各自治体にあっては、学校や地域の状況やニーズを検討しながら、今後様々な実施形態で土曜日の教育活動を展開するものと予想されるが、特に③（土曜学習）については、日頃忙しくてなかなか関わることのできない保護者や企業・団体等にとっても参加しやすいこと、学校教育だけでは実現しにくい実社会の経験や生活体験を得ることが可能になること、学校の学級単位等だけでなく異学年や異学校種も含めた多様な集団のもとでの学習が可能となることなどが特徴付けられるとされ、次の３点の方策が提言されている[11]。

その第１は、多様な主体が土曜日の教育活動に参画する仕組みづくりで、地域人材、保護者、企業・団体等、NPO・民間教育事業者、大学等、平日は難しいとしても土曜日ならば参画が可能な多様な人材等が主体となることが期待されている。第２は、学校と地域・企業・大学等をつなぐコーディネート機能の充実で、放課後子供教室などの取り組みにおける地域コーディネーターが、学校と地域に加え企業や大学等を広くコーディネートしていく役割が期待されている。第３は、「土曜日ならでは」の多様なプログラムづくりで、実社会につながるプログラム、企業のリソースを生かしたプログラム、学習意欲・習慣形成につながるプログラム、「地域ならでは」のプログラムなど、子供の主体性を重視しつつ、土曜日の利点を生かした体系的・継続的な学習プログラムの展開が期待されている。

第３節　学校との連携・協働と社会教育

１．コミュニティ・スクール（学校運営協議会制度）

今日、学校を取り巻く複雑多様化する課題に学校だけで対応することは困難であり、学校と家庭、地域とが連携・協働すること、保護者や地域の人々の力を学校運営に生かす「地域とともにある学校づくり」が、大きなテーマとなっている。

コミュニティ・スクール（学校運営協議会制度）は、平成16（2004）年の「地方教育行政の組織及び運営に関する法律（地教行法）」改正を受けて導入された。これは、保護者や地域住民が一定の権限と責任をもって公立学校の運営に参画する制度で、教育委員会が学校運営協議会を置く学校を指定し、その学校を「コミュニティ・スクール」と呼んでいる。

協議会の主な役割は、①学校運営に関する基本的な方針の承認、②運営に関する意見の申し出、③教職員の任用に関する意見の３つである。中でも①は、校長が作成するその学校の教育課程の編成はじめ学校運営に関する基本的な方針を承認するもので、校長からみれば「承認を得なければならない」ものである。承認されなければ、原則、校長はその基本的な方針に拠った学校運営ができないということになる。別に学校評議員制度（学校教育法施行規則第48条）があるが、これは評議員が校長の求めに応じて意見を述べるもので、校長はこれら意見を参考にしつつ、学校を運営する。いわば、サポーター的役割である。協議会はこれとは違い、校長の求めがなくても、各委員が学校運営の責任者とし

図７－１　コミュニティ・スクールのイメージ

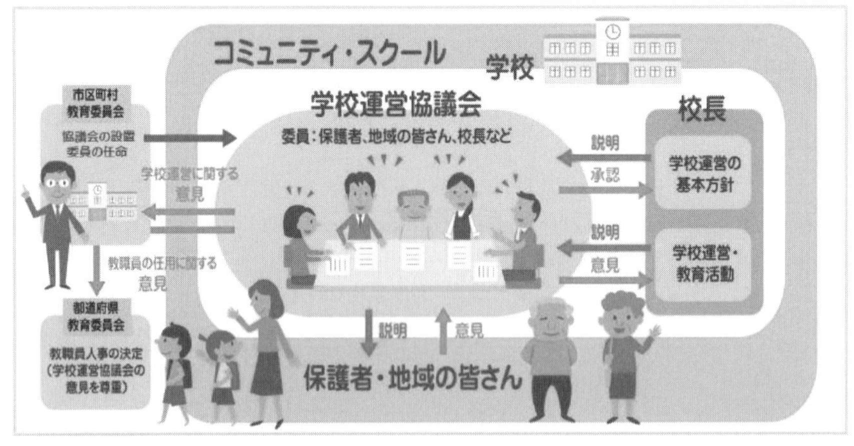

※文部科学省資料から

て自ら主体的に意見を述べる。「一定の権限と責任」のもと、学校と地域が目標を共有しともに行動するのが、コミュニティ・スクールである。

平成29（2017）年４月現在、コミュニティ・スクールは全国で3,600校、11道県・367市区町村の教育委員会がコミュニティ・スクールの指定を行っている。一層の全国的な普及に向け法改正が行われ、教育委員会による学校運営協議会の設置を努力義務（設置に努めなければならない）とした。

２．地域学校協働本部

地域学校協働活動は、もともと東京都杉並区立和田中学校における地域住民のボランティアによって学校の教育活動を支援しようという取り組み（「学校支援地域本部[(12)]」）がモデルとなっている。いわば「地域につくられた学校の応援団」として、平成20（2008）年より国の補助事業となり（当初は必要経費全額を負担する委託事業）、全国に拡大した。

図７－２　地域学校協働活動のイメージ

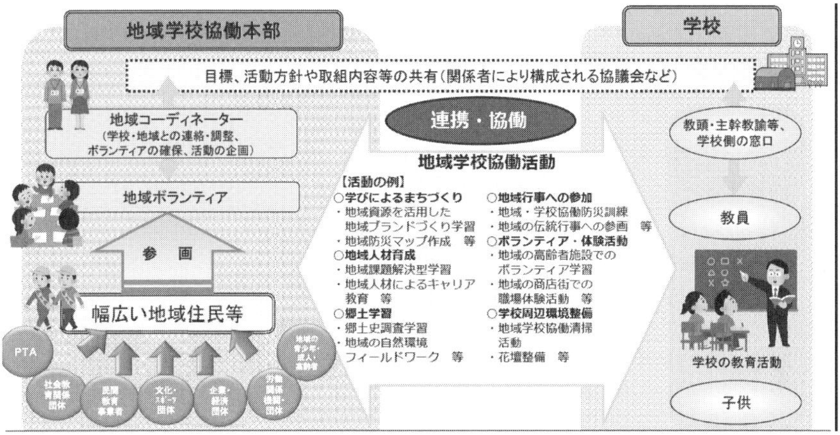

※文部科学省資料から

　具体的には学校の授業や子供たちの学習支援、部活動支援、図書室など校内環境整備、子供の安全確保、学校行事支援など、学校からの依頼を受けて、地域のボランティアが活動・支援する。学校とボランティアをつなぐのが地域コーディネーターである。こうした活動は、地域の人々にとっては自分たちのこれまでの経験・知見や学習の成果を生かす場が広がることにもなったが、あくまで学校からの依頼、支援という枠組みの範囲内にとどまってもいた。

　しかしながら、少子高齢化・人口減少社会、地域の教育力の低下、子供のいじめ・不登校、貧困問題など、子供を取り巻く問題がますます複雑・困難化する中、地域と学校が連携・協働し、社会総がかりで子供たちを支え、「教育」を行うことが強く求められるようになってきた。

　学校の「支援」から学校との「連携・協働」への転換である。「地域学校協働活動」とは、「地域の高齢者、成人、学生、保護者」や「ＰＴＡ、ＮＰＯ、民間企業」等の「幅広い地域住民等の参画を得て、地域全体で子供たちの学びや成長を支え、学校を核とした地域づくりを目指して、地域と学校が相互に連携・

協働して行う様々な活動」のことである。[13]その具体例は**図7－2**のとおりであり、先にあげた学校支援例と比較してみると、協働活動の目指すところがわかる。こうした活動を推進する体制が「地域学校協働本部」となるが、「従来の学校支援地域本部等の地域と学校の連携体制を基盤として、より多くのより幅広い層の地域住民、団体等が参画し、緩やかなネットワークを形成することにより、地域学校協働活動を推進する体制[14]」とされている。例えば「まちづくり」を行っている地域住民や団体等は普段から学校のために、支援を目的として活動しているわけではない。「まちづくり」というテーマのもと、学校との連携・協働が具体化したとき・場面においてパートナーとなるので、だから「緩やかなネットワーク」ということになる。

また、平成29（2017）年には社会教育法が改正され、地域学校協働活動の企画、地域と学校との情報共有・調整等を行う「地域学校協働活動推進員」が制度化された。地域コーディネーターはあくまで実際上（国庫補助上）の役割だったが、この役割をきちんと法に位置付けた。

3．コミュニティ・スクールと地域学校協働本部

学校運営協議会は学校に組織されるものであり、「この学校をこうしたい」という方針や計画までで、それを具体化・実行する仕組（実働組織）は保証されていない。つまり実働組織がないと「協議会で承認された事項が学校・家庭・地域三者による連携の実際的な取り組みへとつながっていかない[15]」。学校の資源だけで対応することは困難であり、逆に対応できる範囲内でという前提付きの議論をするなら協議会の意味がない。

コミュニティ・スクールに取り組む福岡県春日市では、「春日方式」として各学校の学校運営協議会の下に実働組織を置いている。春日市でつくっている実働組織はおおよそ3つのタイプに分かれる、①学習支援や体力づくりなどテーマ毎の実働組織、②学校、家庭、地域毎の実働組織、③地域学校協働活動の実

働組織である。

春日西中学校では、学校運営協議会の下に「西中サポート地域本部」を置き、学校の運営・活動を実践面で支援している。地域本部の代表も協議会委員となっており、議論や決定に参画している。つまり、学校の単なる下請けではなく、自分たちも参加して決めたことを自分たちでよりよく実現するために議論し、実行していくという仕組みになっている。サポート本部にはPTAのOBらで組織される事務局が置かれ、協議会の方針を受けどう実行できるかについて、地域本部、学校教員、PTA、自治会代表で構成される「サポート会議」で具体化される。また、協議会委員には教育委員会職員として、学校教育課とともに社会教育課も加わっている。

コミュニティ・スクールと地域学校協働本部が両輪として相乗効果を発揮していくためには、春日市のように両者の有機的な接続が課題となる。このため、社会教育法改正にあわせ、学校運営協議会について規定している地教行法も改正され、新たに先にあげた「地域学校協働活動推進員」を学校運営協議会委員に加えることが明記された。

４．学校との連携・協働と社会教育

平成29（2017）年３月に告示された新しい学習指導要領のキーワードの一つに「社会に開かれた教育課程」がある。これに託された意味は幾つかあるが、その一つに、学校の「教育課程の実施に当たって、地域の人的・物的資源を活用したり、放課後や土曜日等を活用した社会教育との連携を図ったりし、学校教育を学校内に閉じずに、その目指すところを社会と共有・連携しながら実現させること[(16)]」がある。つまり、今後の学校教育は地域との連携・協働によってはじめて、その目的が達成されるということを強く意識しようということである。

このことがどれだけ具体化・実質化されるかは今後の課題である。学校との連携・協働といっても、当面はこれまでの「支援」が中心となるだろうし、また、これまでの社会教育の多様な活動が学校との接点や関連付けをもとに、「連携・協働」に囲いこまれてしまうことにもなりかねない。学校と地域との関係をつねに社会教育の視点から俯瞰していくことが重要となる。

第４節 連携協力を進めるコーディネート

1．コーディネート・スキルの必要性

学校、家庭、地域の連携協力のみならず、多様化する人々のニーズや複雑化する社会の要請に応える社会教育事業を展開するためには、様々な機関、団体、施設等の連携協力は不可欠なものとされている。また、少子高齢化による生産人口の減少は財源確保を難しくしており、行政も様々な機関、組織、団体等と連携して事業を行わざるを得なくなっている。

しかし一言で連携協力といっても、機関、団体、施設等はそれぞれの目的を掲げて活動しているし、有している資源も異なり、条件はそれぞれで違っている。そのため、連携協力する際には調整が必要になり、コーディネート・スキルを有したコーディネーターが求められる。地域学校協働活動に関する事業では地域学校協働活動推進員や地域コーディネーターの配置が望まれている。そこで、ここではコーディネート・スキルの一端を紹介することにしよう。

2．コーディネートとは

コーディネート（coordinete）という語に最も近い言葉は「調整」であろう。しかし、生涯学習・社会教育領域の答申などでコーディネートという語の使われ方を分析すると、単なる「調整」とは異なっている。

そこで、ここでは、コーディネートとは、当事者（以下、ここではコーディネートの対象となる人、機関、施設、団体等を当事者と呼ぶ）にとっての最適な合意点を探し出す働きと定義し、具体的には、①マッチングするときの調整、②企画設計するときの調整、③マッチング及び企画設計するときの調整からな

るとする。

例えば①としては、親子関係に悩んで家庭教育支援の講座を探している保護者がいた場合に、その保護者のニーズや条件などを吟味したり調整したりしながら、その保護者に合った講座を提示する等があげられる。②の例としては、小学校と地域の団体が連携して運動会を行おうとするとき、よりよい企画になるように、それぞれのニーズや保有する資源に合わせて役割分担を調整したりすることがあげられる。③の例としては、共催事業を企画するときに、効果が期待される複数の団体同士をマッチングさせ、役割分担が最適になるように調整することなどがあげられる。

３．コーディネート・スキル

コーディネートするために、社会教育関係のリーダーは次の５つのスキルを身に付けておくとよいであろう。

①活動の目的、ミッション、目標等を当事者に理解してもらい、意欲を喚起するスキル

目的意識や使命感をもつことができれば、多少の負担や苦労はあっても、当事者は意欲をもって取り組むことができる。また、目標を明確に自覚できれば、やるべきこと、進むべき方向が具体的に分かり、意欲的にことにあたることができる。

②当事者間にメリット、デメリットが偏在しないようにするスキル

特定の人・機関・団体・施設等にメリットが偏在すると、デメリットや負担を被った人・機関・団体・施設等から不満が生じ、合意を得ることができなくなったり、協力関係を維持できなくなったりするおそれがある。

③すべての当事者に現状以上の状態を保証するスキル

実際には当事者間でメリット、デメリットの大きさには違いが生じてし

まうものである。そのような場合に不満が出ないようにするには、すべての当事者に現状以上の状態を保証するようにすることである。現状というのは、その連携協力に参画する前の段階のことである。すべての当事者に現状以上の状態を保証すれば、連携協力することで、それをしないときよりもよい状態に移行できるので、満足を得ることができる。

④それ以上改善の余地のない状態を選ぶスキル

コーディネートすることで、上記の②や③を可能とする状態が複数あることが分かったとき、そのうちのどの状態を選ぶかが問題になる。その場合に、すべての当事者およびその活動の目的からみて、それ以上改善の余地のない状態を選ぶようにすることが大事である。

⑤情報の非対称性を避けつつ、傷つけるような情報等は提供しないスキル

情報の非対称性とは、当事者の一方のみ、あるいは一部のみに情報が集まることである。情報が公平に提供されないと不満に思う人が出るので、できるだけすべての当事者が情報を共有できるようにする。

ただしそうはいっても、プライバシーに関わる情報は提供できないし、情報によっては傷付くこともあるので、すべての情報を一律に伝えることはできない。相手が困るような情報は捨てたり、ときには相手の意欲を喚起する情報に力点を置いてそれを提供したりして、より良い状態をつくり出すように工夫する必要がある。

4．コーディネーターが身に付けておきたいスキル

コーディネーターが身に付けておきたいスキルには上記のコーディネート・スキルがあることはもちろんであるが、そのほかにもいろいろあろう。ここでは次の４点をあげておこう。

ⅰ　コミュニケーション・スキル

ii　企画・設計・マネジメントのスキル

iii　地域情報の収集・組織化・提供に関わるスキル

iv　地域のことを熟知し、多様な人、組織等とネットワークを形成できるスキル

注

(1)　山村は、この無償の愛を受ける経験を「愛の原体験」と呼び、家庭教育の4つの基本的ねらいの1つ「愛の感情を植え付ける」ことの基礎となると指摘している。山村賢明『改訂版　家庭教育』放送大学教育振興会、平成元（1989）年、136頁。

(2)　全国的な家庭教育支援の状況等を把握するにあたっては、HP「子どもたちの未来をはぐくむ家庭教育」（URL：http://katei.mext.go.jp/）及び平成28年度文部科学省委託事業、（株）インテージリサーチ『平成28年度「家庭教育の総合的推進に関する調査研究――家庭教育支援の充実のための実態等把握調査研究――」報告書』、平成29（2017）年3月等を参考にした。

(3)　平成23・24（2011・2012）年度に静岡県で行われた家庭教育実態調査結果によれば、小学3年生の保護者の場合、その8割が子育ての悩みをもっており、その悩みや話を聞いてもらったり相談したい相手は同年齢・異年齢の保護者仲間で、そういう相談ができたり情報交換ができる活動に参加したい傾向にあることが明らかとなっている。第33期静岡県社会教育委員会『これからの家庭教育支援のあり方（報告）』、平成26（2014）年、9頁及び36-44頁。

(4)　詳細は、文部科学省HP「地域で活躍する「家庭教育支援チーム」（URL：http://www.mext.go.jp/a_menu/shougai/katei/1292713.htm）、家庭教育支援の推進方策に関する検討委員会『家庭教育支援の具体的な推進方策について』、平成29（2017）年を参照。

(5)　第33期静岡県社会教育委員会ではこのような考え方で県の施策を検証し『これからの家庭教育支援のあり方』（報告）をまとめた。

(6)　白木賢信「生涯学習関係答申の動向と課題――平成17年まで――」平成18（2006）年1月27日登録）、日本生涯教育学会編『生涯学習研究e事典』（http://ejiten.javea.or.jp/、2014年9月18日現在。

(7)　特に学校施設の徹底活用に向けて、文部科学省および厚生労働省の両省大臣名による

『放課後対策の総合的な推進について』（産業競争力会議課題別会合、平成26（2014）年５月28日）では、教育委員会と首長部局の連携を図るべく、総合教育会議（地方教育行政の組織及び運営に関する法律の一部改正（平成26（2014）年６月20日）により、平成27（2015）年４月１日から施行）の活用により、教育と福祉の連携促進による放課後支援を充実させることがポイントとしてあげられている。

(8) 前注掲書『放課後対策の総合的な推進について』。

(9) 中央教育審議会生涯学習分科会今後の放課後等の教育支援の在り方に関するワーキンググループ『子供たちの豊かな学びのための放課後・土曜日の教育環境づくり――“あったらいいな”を形にする夢の教育――』、平成26（2014）年６月25日。

(10) これは、学校教育法施行規則の改正（平成25（2013）年11月29日）により、設置者の判断により土曜日に授業を行うことが可能であることが明確化されたことによるものである。

(11) 注(9)掲書『子供たちの豊かな学びのための放課後・土曜日の教育環境づくり――“あったらいいな”を形にする夢の教育――』。

(12) 当時の民間人校長である藤原和博校長が取り組み、話題となった。藤原和博「誰が学校を変えるのか」（ちくま文庫）はじめ関連著書多数。

(13) 詳しくは、中央教育審議会『新しい時代の教育や地方創生の実現に向けた学校と地域の連携・協働の在り方と今後の推進方策について（答申）』、平成27（2015）年３月。

(14) 詳しくは、文部科学省『地域学校協働活動の推進に向けたガイドライン』、平成29（2017）年。

(15) 春日市教育委員会・春日市立小中学校編著『コミュニティ・スクールの底力』北大路書房、平成26（2014）年、14-15頁。また、本稿執筆にあたって同書を参考としている。

(16) 中央教育審議会『幼稚園、小学校、中学校、高等学校及び特別支援学校の学習指導要領等の改善及び必要な方策等について（答申）』平成28（2016）年12月。

参考文献

- 一般財団法人 社会通信教育協会『生涯学習支援実践講座　生涯学習コーディネーター研修』第１単元テキスト、平成21（2009）年。
- 浅井経子「コーディネート技法」、日本生涯教育学会『生涯学習研究ｅ事典』http://ejiten.javea.or.jp/content.php?c=TWpJd05qVTE%3D、平成18（2006）年11月登録。

第8章　情報の収集・提供、相談と広報・広聴

第1節　学習情報の収集、整理、提供

学習情報とは、学習者や学習希望者が生涯学習を行う際や、学習支援者が生涯学習の支援を行う際に、役に立つ学習に関するしらせ(1)のことである。そして、このような情報を収集し、提供することによって、人々が自己に適した学習を進めやすくなるように、情報の面から人々の生涯学習を支援しようとするのが学習情報提供である。

1．学習情報の種類

学習情報(2)の種類には、主として次のようなものがある(3)。

①学習機会や学習成果の評価・活用支援等の案内情報（＝学習者・学習希望者と教育・学習資源とを結び付ける情報）：例えば、各種講座などの学習機会に関する情報や、施設の所在地に関する情報、資格取得や検定試験など学習成果の評価に関する案内やボランティアの募集に関する情報など。

②学習の内容情報（＝学習活動を通して獲得される知識や技術等の情報）：例えば、健康に関する知識やパソコンの操作に関する知識や技術など。

③学習のアドバイス情報（＝学習に関しての悩みや問題が生じた場合に提供される情報）：例えば、学習の仕方や資格取得のための学習法に関する助言や学習仲間との人間関係に関するアドバイス、学習成果の活用に関するアドバイスなど。

これらの学習情報が、人々が学習を進めて行く過程で、どのように必要とされるかをまとめると、**表8－1**のようになる。**表8－1**では、「学習計画を立てる（修正する）」、「学習活動を実施する」、「学習成果を評価・活用する」、「次の段

表8－1　学習ステップと必要とされる学習情報

学習ステップ	必要とされる学習情報
(1)学習計画を立てる（修正する）	学習機会等の案内情報、学習のアドバイス情報 例：①自分の興味・関心を知るための情報（学習ニーズ診断の結果など）、②学習テーマについての情報（学習内容の分類一覧など）、③利用できる学習の機会・場所・教材などについての情報（学級・講座や施設等の案内情報など）、④学習テーマの設定の仕方、学習計画のつくり方についてのアドバイス（学習の進め方に関するガイドブック、学習相談でのアドバイスなど）
(2)学習活動を実施する	学習の内容情報、学習のアドバイス情報 例：①学習する内容そのものについての情報（園芸についての知識・技術など）、②学習の仕方や学習上の悩み、問題についてのアドバイス（分からないところの調べ方や仲間との人間関係についてのアドバイスなど）
(3)学習成果を評価・活用する	学習成果の評価・活用についての案内情報、学習のアドバイス情報 例：①学習成果の評価・認定の仕方や評価・認定の機会についての情報（評価機関の案内、資格案内、検定案内など）、②学習成果の活用の仕方や活用の機会についての情報（ボランティア活動の仕方やボランティアの募集など）、③学習成果の評価や活用についてのアドバイス（経験者の体験談、学習相談でのアドバイスなど）
(4)次の段階の学習課題を発見する	学習機会等の案内情報、学習のアドバイス情報 (1)のステップと同様の情報が必要とされると考えることができるが、このステップでのそれは、一連の学習を終了し、(3)の結果として、次の学習では何をやる必要があるのかという観点が加わった情報になる。例えば、初心者向けの講座を修了し、さらに学習を継続するときには、中級や上級の講座の情報が必要になってくるということである。

（出典：高橋利行「学習情報提供」、浅井経子編著『生涯学習概論――生涯学習社会への道――』理想社、2010年、201頁を一部修正）

階の学習課題を発見する」の４つの学習ステップ[(4)]で考えている。この表で「学習計画を立てる」の中に括弧して「修正する」が入っているが、それは、学習を進めていく過程で学習計画を見直すことがたびたびあり、そのような学習計画を見直し修正するときには「学習計画を立てる」ときと同様の学習情報が必要になることを示している。

２．学習情報の収集・整理

学習者の求めにあった学習情報を収集するためには、地域の学習課題や人々の学習要求などを、適切に把握・分析することが重要となる。多くの情報が収集されている方が、学習者にとっては便利であろうが、行政サービスとして、どこまでの情報を収集するかを検討する必要がある。例えば、特定の政治、宗派に関わる情報は収集対象から除かれるであろうし、民間機関が提供する学習機会についても、悪徳商法に関わるもの等が混ざらないようにする必要がある。

収集した情報をどのように整理、分類するのかも重要である。整理の仕方としては、基本となるものに、①学習機会、②施設、③団体・グループ、④指導者、⑤教材、⑥各種資格等の６つの大分類[(5)]がある。現在の都道府県の学習情報提供システムでの情報の分類も、概ね、この分類に基づいているところが多い。ただし、指導者や団体・グループなど、個人情報保護への配慮が求められる情報については、インターネット上には公開せずに、学習相談窓口を通して提供するような仕組みとするなどの工夫が必要となる。

この分類のほかにも、例えば、どういった人向けの情報かといった対象者別（男性、女性、親子、高齢者など）の分類や、地域別（県南地域、県北地域など）の分類などが使われることもある[(6)]。また、アドバイス情報については、よくある質問をFAQ（Frequently　Asked　Questions）としてまとめておくことなども、よく用いられる方法の１つである。

３．学習情報を提供するための方法

学習情報を提供するための方法には、主として次のようなものがある[(7)]。

①コンピュータとインターネットを使った方法

コンピュータとインターネットを利用して学習情報を提供する方法で、現在では、都道府県や人口規模の大きい市等で、それぞれの学習情報提供システムを整備してきている。この方法の利点には、ａ．大量の情報を扱うことが可能であること、b．情報の更新が容易であること、c．インターネットの双方向性を生かして、学習者の要求により適した情報を提供しやすくなること（学習者が自分の要求に基づいて検索し、情報を入手できること）、などがある。ICTの発達により、画像や動画なども双方向で扱うことができ、学習の内容情報を提供する際などに、特に大きな力を発揮するものである。

また、利用者からの登録によって、メールマガジンなどで定期的に情報を届けたり、ウェブ（web）上で学習相談[(8)]に答えたりしている例もある。

②印刷物による方法

ポスターやチラシ、広報誌（紙）や学習情報ガイドブックなどの印刷物によって、学習機会等の案内情報を提供する方法である。従来からの主たる学習情報の提供方法であったが、現在は、コンピュータを使った方法に力点が移ってきている。ただし、コンピュータに苦手意識をもっている人など、印刷物による方法を好む人も存在しており、今後も継続していく必要がある。

③学習相談による方法

学習相談の場を通じて、学習情報を提供する方法である。主に、学習のアドバイス情報の提供が想定されるが、学習機会や学習成果の評価・活用支援等の案内情報の提供も行われる。

4．これからの学習情報提供

ICTの発達と、その活用の進展により、多様な情報の発信が行われるようになっており、人々がどこからどのように情報を入手するかについても多様化してきている。これからは、行政として、学習情報を網羅的・一元的に、収集し、提供することよりも、例えば、学習団体・グループ等が発信している情報とのリンクを張るなど、多様な情報の発信者をもつ学習情報のネットワークとして整備していくことが重要となるであろう。

第２節　学習相談

英会話の勉強をしたいが初心者向きの教室はどこで開かれているのか、テニスサークルで活動しているが仲間との人間関係がうまくいかない等、学習者は学習活動の過程で様々な疑問や悩みを抱える。その解決を支援するのが学習相談である。近年は、学習ガイダンスとも言えるキャリア形成に結び付く学習相談が求められている。例えば、子供や本が好きなので学校図書館の司書として働きたいが、どのような学習をしたらよいのか、社会教育指導員として活動しているので指導員としての力をもっと付けたいがどのような勉強をしたらよいか等があげられる。そのような相談では、学習者が目標とするところに到達するまで、求めに応じて学習者を支えていくことになる。

１．学習相談の目的と意義

⑴　学習相談の定義と目的

学習相談とは、学習情報のうち案内情報を提供したり、学習技法や学習グループ・サークル・団体等の運営方法などを紹介したりして、学習者、学習希望者等（以下、学習者と言う）の学習上の悩みや問題の解決を助ける活動である。前節との関係で言えば、学習相談で扱う学習情報は主として学習機会、学習成果の評価・活用に関する案内情報や学習の仕方、人間関係等に関する助言や励まし等のアドバイス情報である。

学習相談の目的として次のことがあげられる。

①学習者の潜在的なニーズを聞き出し、学習行動に具体化する。

②学習活動上の問題や悩みの解決を通して、学習活動を中断させたり止めてしまったりしないようにする。

③目標に到達できるように、学習計画を立てたり学習活動の進捗を自己管理したりするのを助ける。

近年、学習成果の活用支援の重要性が注目されており、社会教育にあってもそれへの対応が求められている。そこで、学習相談が学習成果の活用支援にどこまで関わるのかについて簡単にふれておこう。例えば、学習成果の活用には就転職等があるが、それらは学習ではないので、そのような支援が求められた場合には関係機関の窓口等を紹介することになる。一方、ボランティア活動や地域活動等に学習成果を活用しようという場合については、ボランティア活動や地域活動などには学習性があり学習活動とみなすことができるケースが多い。学習活動の一環として捉えることができる範囲であれば原則として学習相談で対応できるとし、そのような相談は上記の目的の②の「学習活動上」に含まれると考えることにする。

⑵　学習相談の意義

学習相談の意義として次の４点があげられる。

①学習者と教育・学習資源とを結び付けることができる

教育・学習資源として、講座・教室等、グループ・団体等の学習機会、本、ビデオ等の学習教材、講師・助言者等の指導者、公民館・図書館・博物館・スポーツ施設等の教育・学習施設、社会通信教育やテレビ番組、放送大学等がある。これらについての案内情報を学習者に提供することである。

②学習者の学習活動上の問題を解決することができる

案内情報の提供や助言を通して、学習上の問題解決を図る。

③学習者が目標を達成するのを支援する

学習計画作成や学習の進め方等を助言したり学習活動の途上で励ましたりして目標を達成できるように支援する。また、①で述べた案内情報の提供にとどまらず、学習者が目標とする学習成果の活用へたどりつくことができるように、歩むべき学習活動の道筋をガイドすることも必要とされている。

【参考】

「学習の仕方」について、ここでは次の３つに大別されると考える。

ⅰ自分にあった学習計画の立て方

自分のニーズや能力、生活条件にあった学習計画を立案する仕方のこと。特に重要なことは学習目標を明確にすることである。

ⅱ学習技法・問題解決技法等の知識技術

本の読み方、文章の書き方、話し方、討議の仕方、表現の仕方、各種メディアの使い方、情報の検索の仕方、収集した情報のまとめ方、グループ・団体の運営方法、問題解決技法等。

ⅲ自己の学習活動の状態を客観的に認識・評価する仕方

学習目標をどの程度達成したか、計画通りに学習しているか、どこに問題があるか等、自分の学習活動の状態を認識し、自己評価し、改善する仕方のこと。メタ認知（meta cognition）に関わるもので、自分の学習活動を正確に捉え、認知や学習活動の過程を監視したり、制御したりすること。

図８－１は生涯学習と「学習の仕方」との関係を示したものである。「学習の仕方」に支えられて生涯にわたる学習活動が可能になるので、「学習の仕方」から生涯学習へ矢印が付けられている。また、生涯にわたる学習活動を行う中で「学習の仕方」が身に付くので生涯学習から「学習の仕方」へ矢印が付いている。

図８－１　生涯学習と「学習の仕方」の関係

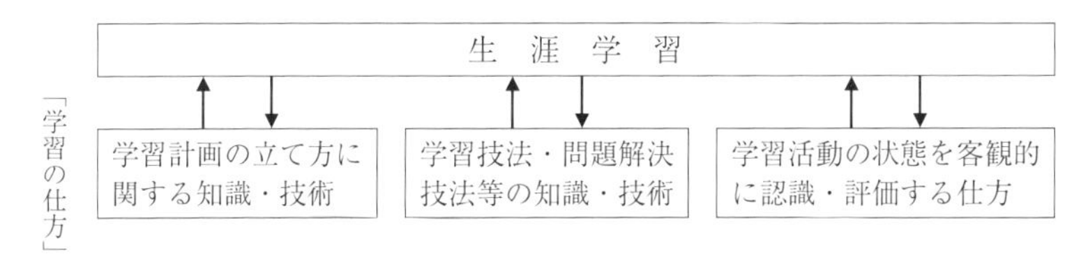

④学習者の「学習の仕方」の学習を支援する

生涯学習は自発的に行うことを基本としているため、学習者には「学習の仕方」を身に付けておくことが求められる。しかしそれは易しいことではなく、学習者は様々な問題を抱えることになる。学習相談で学習者は相談員とのコミュニケーションを通して「学習の仕方」を習得していく。

2．学習プロセスからみた学習相談

学習プロセスに即して学習相談による学習支援をみたものが**図8-2**である。学習者の右に学習プロセスのモデルを示した。その下に、就職、転職、社会参加活動といった目標までのステップごとに学習相談による主な支援を示している。

図8－2　学習プロセスからみた学習相談による支援

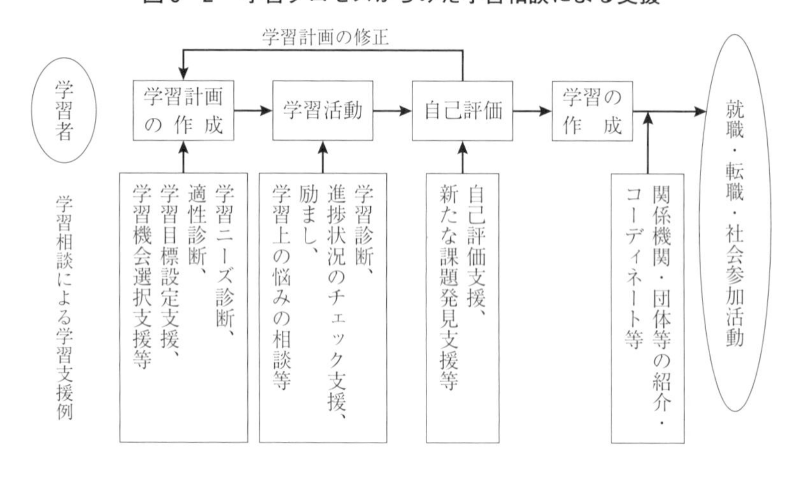

3．学習相談員に求められる資質・能力

学習相談員に求められる資質・能力は、大別すると4つの要素から成り立っていると考えられる。

図８－３　学習相談員に求められる資質・能力

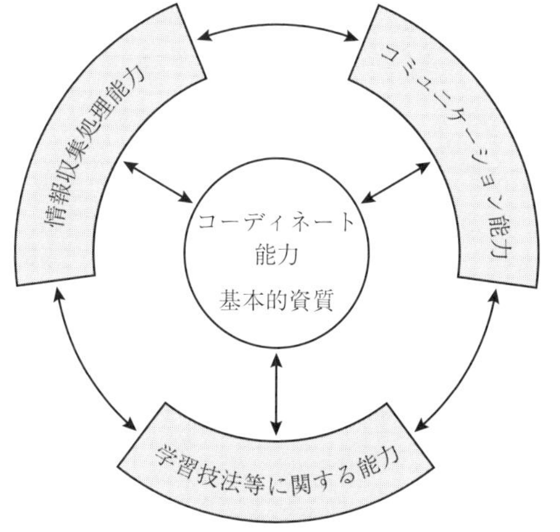

矢印は相互の関係付けながら能力を発揮することを意味している。
（浅井経子「学習情報提供・学習相談」、国立教育政策研究所社会教育実践研究センター『社会教育計画ハンドブック』平成21（2009）年、78頁の図を一部修正した）

第１は情報収集・処理に関わる能力である。地域の学習情報提供システムの構造を理解している、端末機で情報を検索できる、自ら地域の学習情報を収集しそれをいつでも使えるように組織化できる、学習相談員同士のネットワークやボランティア相談等とのネットワークを築くことができる、社会教育事業の主催者と連携して講座やグループ活動等の事業概要（シラバスのようなもの）一覧を作成することができるなどの能力が求められる。

第２はコミュニケーションに関わる能力で、学習者の話を聞きその内容を把握できる、潜在的なニーズ等を引き出すことができる、学習者自身が主体的に問題解決を図るように助言したり情報を提供したりすることができる等がその主な内容である。

第３は学習技法に関わる能力で、「学習の仕方」に関する技能を含むものである。情報の検索の仕方、メディアの使い方、討議法等の狭義の学習技法のみならず、すでに述べたように、学習活動の現状を客観的に把握し評価する能力、問題解決能力などを含めた「学習の仕方」全般に関わるものである。例えば、学習者の潜在的な学習ニーズを把握できる、学習計画の立て方や学習評価（自己評価）の方法を助言できる、仲間づくり、PRの方法、学習プログラムや事業の立案方法等を含めたグループ・サークル・団体活動の運営方法を知っている、活動・事業診断ができる、などがあげられる。

第４は基礎的資質であるが、成人の学習活動とはどのようなものか、学習者はどのような特性を有しているか、地域はどのような社会教育の推進に取り組んでいるか等に関する基礎的知識を身に付けていることが望まれる。さらに他者と関わるときにはいかなる場合もそうであろうが、幅広い教養が求められる。また、学習者にあった教育・学習資源をコーディネートして情報提供したり、学習者間やグループ・団体間などのニーズの調整を図ったりすることもあるので、コーディネート能力も求められる。

第３節 社会教育の広報と広聴

１．広報と広聴

「広報」とは、英語のパブリックリレーションズ（Public Relations＝PR）を日本語に訳したものである。パブリックリレーションズは20世紀初頭からアメリカで発展した、組織とその組織を取り巻く人間（個人・集団・社会）との望ましい関係をつくり出すための考え方および行動のあり方である。日本には、第２次世界大戦後に、GHQが民主主義を根付かせるために中央や地方の官庁に導入した概念で、リレーションズ（関係）の言葉が示すとおり、双方向のコミュニケーションを表すものだったが、日本語で「広報」と訳されたことから「広く知らせる＝お知らせする」という意味で一般に使われるようになった。このように「広報」という言葉は、組織と社会あるいは公衆（パブリック）とのよい関係づくりという意味であったものが、組織の一方的な情報発信と受け取られるようになってしまった。しかし、パブリックリレーションズの本来の意味は、「よい関係づくり」である。広報は、行政が、住民との間に継続的な“信頼関係”を築いていくための重要な取り組みであるということの再確認が必要である。

一方、「広聴」とは、広く意見を聞くこと、特に行政機関が公衆の意見や要望を聞き募(つの)ることであり、「公聴」と呼ばれることもある。一般的には、行政の広聴活動を意味する用語としては「広聴」という漢字が使われているが、「広聴」も「公聴」も、「国民や住民の行政に対する意見・要望などを聴く活動」を表す同義の言葉として使われている。しかし、ここで重要なことは、住民の声の収集のみならず、行政への反映がなされることまでをも含んでいるということである。広聴は、「行政に対する住民の意見・要望を収集し、住民の声を政策に反映すること」であり、今日では様々な行政施策に市民の意見を反映させるための手段（手続）として制度化されている。

２．行政における広報・広聴の役割

⑴　自治体のガバナンス機能

企業経営において、経営上の意思決定が企業の価値創造にとって有効な判断となるように管理・統制する仕組みのことを「コーポレート・ガバナンス」という。

行政広報には、自治体の経営が正しく行われているかどうかを監視、監査、チェックする「ガバナンス（gavernance)」の機能も有する。行政施策について積極的に情報提供することにより、利害関係をもつ住民（ステークホルダー）から進捗(しんちょく)状況や成果についてチェック及び評価を受けることができる。

⑵　アカウンタビリティ（accountability　説明責任）の遂行

今日の日本社会は、少子高齢化や環境意識の高まり、経済のグローバル化といった様々な変化への対応を求められている。かつては右肩上がりの経済に支えられ、幅広い分野で様々な公共サービスを提供してきたが、今日では、深刻な財政難に伴い、施策の「選択と集中」が進められている。こうした中、自治体の行政方針や施策に対して住民の理解と信頼を得て進めていくことが求められている。広報・広聴活動は、方針や各施策の考え方・内容・効果などについて、的確で分かりやすく情報を提供し、公開性、透明性を確保し、住民へのアカウンタビリティを遂行する役割を有している。なお、アカウンタビリティ（説明責任）については第９章第３節を参照されたい。

⑶　協働のまちづくりと情報の共有化

地方分権が進められる中で、住民主体のまちづくりが求められている。しかし、一方では、少子高齢化等の社会情勢の変化に伴い、住民の公共サービスに対するニーズは、多様化・複雑化している。こうしたニーズに対応し、分権型社会に対応した独自性の高いまちづくりを進めていくためには、住民と行政が互いの理解と信頼を深めながら、それぞれの責任と役割を自覚し互いに補完し協力し合う、協働によるまちづくりを進めていくことが重要になっている。協働によるまちづくりを進めていくためには、情報の共有を図り、住民とのコミュニケーションを深め、行政への信頼やまちづくりへの関心を高めていくことが必要である。広報・広聴は、住民との情報の共有化を図り、協働のまちづくりを進めるための基底となるものである。

３．社会教育と広報・広聴

社会教育において広報は、住民の学習活動を促進するために、多様な学習機会に関わる情報を、広く提供することが中心となる。しかし、顕在的学習関心者に対する情報提供にとどまらず、潜在的学習関心者の学習関心を高め、学習行動へとつなげるような広報も重要である。また、要求課題に比して一般的に学習ニーズの低い地域の必要課題に対しても、現状や問題点を積極的に取り上げ広報することによって、住民に問題意識を醸成し、必要課題を要求課題へと転換することも期待できる。さらには、提供される情報を教材として活用したり、住民同士の話合いや意見交換の場が創出されるなど、地域社会全体のコミュニケーションの機会につながる。このように広報は、地域における社会教育の充実発展のために欠くことのできない重要なツールである。

一方、広聴は、住民の要求課題や学習ニーズ等を明らかにすることによって、住民に何が求められているかを把握し、効果的な施策や事業の立案に生かすことができる。さらには、地域における社会教育計画作成の重要な基本情報となり得るものである。

４．社会教育における広報活動

⑴　広報誌による広報

広報誌は、情報の即時性では限界があるが、印刷媒体として何度でも読み返せる、長く保存できるなどの利点がある。また、インターネット等の ICT ツールを利用できない情報弱者にとっても有効である。市民参加型や地域課題について考える問題提起型記事など、誌面の充実を図っていくことが大切である。

⑵　ホームページによる広報

インターネットは発信できる情報量が豊富で、即時性や経済性、双方向性といった特性をもっている。ホームページは、こうしたインターネットを活用した広報活動の基礎となるものであり、国内はもとより国外からのアクセスも期待できる。利便性の向上を図るとともに、ブロードバンド環境の進展に伴い、音声や動画による配信も以前に比べて容易になってきており、インターネットの特性を生かした情報発信は、ますます重要になってくる。

⑶　SNS（Social Networking Service　ソーシャル・ネットワーキング・サービス）などによる広報

インターネットをはじめとする情報通信技術が進歩し、利用者間で相互に交流できるソーシャルメディアなど、特に双方向性を活用した情報発信が盛んになっている。SNS は、これからの社会教育の広報ツールとして大きな可能性を秘めている。

5．社会教育における広聴活動

⑴　アンケート調査による広聴活動

社会教育の場で多く実施されている広聴活動に、アンケート調査がある。教育委員会事務局が実施する住民の学習関心・学習動向に関する調査や、公民館等の社会教育施設が利用者に対して実施するアンケート調査は、社会教育計画・事業の立案や社会教育施設の運営に関する要望や評価を調査結果から明らかにすることができる。

⑵　学習相談による広聴活動

学習相談は、学習情報提供と併せて実施されることが多く、学習相談員が面談や電話・メール等で相談活動を実施している。学習相談は、学習者（学習グループを含む）や学習希望者の学習上の悩みや問題の解決を図る助言・援助活動である。しかし、相談活動によって、住民の学習関心や学習動向をはじめとする学習者のニーズを把握することもできる。

⑶　パブリック・コメント（public comment）

行政の政策立案過程において、住民の意見を聞く制度として実施されているものにパブリック・コメントがある。パブリック・コメントは、ホームページなどを通じて行政が作成した施策案や文書を公表し、住民に対して広く意見の提出を求め、その結果を反映させることによって、よりよい行政を目指すものである。現在では多くの自治体で、生涯学習推進基本構想や社会教育計画等の策定に際し、パブリック・コメントを実施し、住民の意向の反映に努めている。

⑷　まちづくり出前講座

「まちづくり出前講座」は、平成６（1994）年から埼玉県八潮市が「生涯学習まちづくり出前講座」として実施したことにはじまる。地域住民の要請に応じて、当該自治体が提供するメニューから学習したい内容を選択し、担当する行政職員等が講師となって出講する生涯学習機会として位置付けられるものである。しかし、このような学習機会は、住民の意見を聞く場としても有効であり、市民と行政が協働でまちづくりを進めていくという昨今の時流に沿った活動と言える。

６．双方向コミュニケーション活動としての広報・広聴

社会教育法第15条は、社会教育委員について規定している。この社会教育委員制度の趣旨は、地域において社会教育に関して優れた知見を有する人々を委員に委嘱することにより、社会教育行政に地域住民の意向を反映させることにある。社会教育行政は、地域住民の組織的な教育活動の動向の把握や実施主体との連携・協働が不可欠であるとともに、地域住民の学習ニーズを適切に把握し、それを社会教育事業に展開していくことが重要である。こうした行政と地域住民をつなぐ仕組みとして、社会教育委員制度がある。こうした制度が社会教育にあるということは、住民の意向を忘れては執行できない社会教育行政の特質であり、社会教育における広聴活動の重要性を示すものと言える。

これからの社会教育行政においては、これまで以上に住民を主体とする取り組みが重要になってくる。行政サイドから一方的に情報を発信したり、単に住民の意見を聴いたりするだけではなく、情報発信により得られた住民意見を的

確に施策に反映させ、反映状況などを住民に公表するという情報の循環が重要である。双方向コミュニケーション活動としての広報・広聴活動を充実し、よりきめ細やかに情報の循環を行うことで、住民との情報の共有化を図り、信頼関係を強め、住民主体のまちづくりを推進することができるであろう。「広報」と「広聴」は、コミュニケーション活動として車の両輪である。双方をより効果的に機能させていくことが必要である。

注

(1) 浅井経子編著『生涯学習概論——生涯学習社会への道——』理想社、平成12（2010）年、197頁。

(2) “役に立つ”ということを強調して、「学習支援情報」、「生涯学習支援情報」と言われることもある（同、197頁を参照）。

(3) 山本恒夫ほか編『社会教育計画』文憲堂、平成19（2007）年、131頁、及び、前注掲書『生涯学習概論——生涯学習社会への道——』、197-199頁を参照。なお、学習成果の評価・活用支援情報については、案内情報とアドバイス情報の一部として、整理し直した。

(4) この学習ステップは、山本恒夫による学習プロセス（山本恒夫ほか『生涯学習の設計』実務教育出版、平成7（1995）年、82頁などを参照）を参考に作成した。

(5) 全国の生涯学習情報のシステム化に関する調査研究協力者会議『生涯学習情報の分類と様式の標準化について（審議とりまとめ）』（平成元（1989）年）で示されたものである。なお、ここでは、さらに、中分類、小分類も示されている。

(6) 学級・講座などの学習機会に関する情報の場合には、何曜日に開催されるものなのかという曜日別や、午前中、午後、夜間などの時間帯別といった分類が有効となることも考えられる。

(7) このほかに、放送を使った方法などもある。注(1)掲書『生涯学習概論——生涯学習社会への道——』、199～200頁、及び、注(3)掲書『社会教育計画』、132-133頁を参照。

(8) 例えば、「ひょうごインターキャンパス」（http://hyogo-intercampus.ne.jp/）などがある。

参考文献

- 浅井経子「学習相談」、日本生涯教育学会『生涯学習研究ｅ事典』http://ejiten.javea.or.jp/content.php?c=TWpJd01ERTE%3D、平成17（2005）年登録
- 国立教育政策研究所社会教育実践研究センター『社会教育計画ハンドブック』、平成21（2009）年
- 山本恒夫編著『生涯学習概論』東京書籍、平成10（1998）年
- 横浜市教育委員会『学習相談 HAND BOOK（改訂版）』、平成11（1999）年
- 旭川市市民生活部市民協働室広報広聴課『旭川市広報広聴戦略プラン』、平成25（2013）年５月
- 今西幸蔵著『社会教育計画ハンドブック』八千代出版、平成16（2004）年10月
- 社会教育行政研究会『社会教育行政読本――「協働」時代の道しるべ――』第一法規、平成25（2013）年６月

第9章　社会教育施設の経営と施設間ネットワーク

第1節　社会教育施設の経営――学習成果の活用の視点から――

1．社会教育法等の改正

平成18（2006）年の教育基本法の改正を受け、平成20（2008）年に社会教育法、図書館法、博物館法が改正された。改正教育基本法第３条では、生涯学習の理念について規定し、「国民一人一人が、自己の人格を磨き、豊かな人生を送ることができるよう、その生涯にわたって、あらゆる機会に、あらゆる場所において学習することができ、その成果を適切に生かすことのできる社会の実現が図られなければならない。」として法律上、学習成果の活用を明確にした。改正社会教育法においては、教育委員会の事務として学習成果を活用して学校、社会教育施設等で行う教育活動等の実施及びその奨励についての規定が追加された（社会教育法第３条及び第５条）。

また図書館や博物館が行う事業についても、学習成果を活用して行う教育活動の機会を提供する事業について、図書館法、博物館法において明確化が図られた（図書館法第３条、博物館法第３条）。

2．循環型の学習成果の活用

社会教育法等の改正に当たっては、衆議院及び参議院において附帯決議がなされた。参議院では、「生涯学習・社会教育に係る個人の学習成果が、学校、社会教育施設その他地域において行う教育活動として生かされるよう、各個人の学習活動と地域社会の教育活動との循環につながるような具体的な取組について支援に努めること。」として、個人の学習成果が個人と地域社会の教育活動との循環につながるよう求めた。行政が提供する社会教育事業については、趣味・教養的部分とともに現代的課題等の公共性ある課題とのバランスをとることが大切であるとの指摘があるが[(1)]、本決議でも、個人か社会かあるいは趣味・教養といった課題か公共性ある課題かと対峙させるのではなく、個人の学習ニーズへの対応を図りつつ地域課題に取り組み、そしてそれが個人の学習ニーズに戻りさらに地域課題への取り組みとなるような循環型の学習機会を提供するよう求めている。

さらに衆議院の附帯決議においては、「自発的意思で行われる学習に対して行政の介入とならないよう留意すること」との一文が追加されており、主役はあくまで学習者であって行政が提供する学習機会の提供内容は、学習者への介入ではなく抑制的であることを求めている。社会教育行政は、あくまでも学習支援に徹するということである[(2)]。

3．図書館法の改正と「図書館の設置及び運営上の望ましい基準」について

改正図書館法第３条第７号は、「社会教育における学習の機会を利用して行った学習の成果を活用して行う教育活動その他の活動の機会を提供し、及びその提供を奨励すること」として、図書館業務の１つとして学習成果を活用した教育活動等の実施について規定した。図書館法の改正等を受けて全面改定した文部科学省告示「図書館の設置及び運営上の望ましい基準」（平成24（2012）年12月）では、市町村立図書館の運営としてボランティア活動等の促進をあげ、次のように規定している。

1　市町村立図書館は、図書館におけるボランティア活動が、住民等が学習の成果を活用する場であるとともに、図書館サービスの充実にも資するものであることにかんがみ、読み聞かせ、代読サービス等の多様なボランティア活動等の機会や場所を提供するよう努めるものとする。

2　市町村立図書館は、前項の活動への参加を希望する者に対し、当該活動

の機会や場所に関する情報の提供や当該活動を円滑に行うための研修等を実施するよう努めるものとする。

なお、本基準の総則の中で市町村については、「住民に対して適切な図書館サービスを行うことができるよう、住民の生活圏、図書館の利用圏等を十分に考慮し、市町村立図書館及び分館等の設置に努める」と規定した。また、都道府県については「都道府県立図書館の拡充に努め、住民に対して適切な図書館サービスを行うとともに、図書館未設置の町村が多く存在することも踏まえ、当該都道府県内の図書館サービスの全体的な進展を図る観点に立って、市町村に対して市町村立図書館の設置及び運営に関する必要な指導・助言等を行う」と規定し、両者の役割分担のもと上述のボランティア活動については市町村図書館の役割としたが、実態としては都道府県立図書館でもボランティアの受け入れを行っている。

４．博物館法の改正と「博物館の設置及び運営上の望ましい基準」について

改正図書館法と同様に、改正博物館法でも第３条第１項第９号において「社会教育における学習の機会を利用して行った学習の成果を活用して行う教育活動その他の活動の機会を提供し、及びその提供を奨励すること」と規定された。法改正を受け、文部科学省告示「公立博物館の設置及び運営上の望ましい基準」（平成15（2003）年制定）を改正するための協力者会議による報告書[(3)]では、博物館法改正を踏まえて新たに盛り込むべき内容及び留意点等として、「博物館における学習の成果を発揮する活動として、展示資料の解説、講演会等の企画や補助、標本資料の調査又は整理等を行うボランティア活動等の機会の提供が重要である」ことを指摘した。

なお、改正された文部科学省告示「博物館の設置及び運営上の望ましい基準」（平成23（2012）年12月）には図書館のようなボランティア活動の促進について

明文化されてはいないが、法改正を周知するために発した通知文書[(4)]では、社会教育法等で規定された「学習の成果を活用して行う教育活動その他の活動」として「博物館における展示解説活動」を例にあげていることから、博物館におけるボランティアの受け入れについては、他の社会教育施設と同様であると言えよう。

5．学習成果の活用としてのボランティア活動と社会教育施設

内閣府が毎年実施している「社会意識に関する世論調査」によると、「日頃、社会の一員として、何か社会のために役立ちたいと思っているか、それとも、あまりそのようなことは考えていないか」聞いたところ、「思っている」が「考えていない」を逆転したのが昭和60（1985）年代からであり、年を経るごとに差は広がってきている。最近の調査では「思っている」と「考えていない」の差は30ポイント以上離れている（平成23（2011）年）。

こうした意識変化が現われた状況の中、社会教育審議会社会教育施設分科会では昭和61（1986）年、「社会教育施設におけるボランティア活動の促進について」報告を行い、生涯学習活動の一環としてボランティア活動を位置付け、その促進方策を提言した。人々は自らの向上心をボランティア活動に求めるようになり、これまでの社会福祉分野中心の活動を広く捉えようとする傾向に変化してきたことを受け、その活動の場として社会教育施設が注目されたと言えよう。こうした人々の意識の変化は、人々の生活水準の向上や自由時間の増大等の時代背景があったものと考えられる。

もとより社会教育施設は、高まる生涯学習への意欲に呼応して整備され経営されるものであり、本報告では、施設自体の活性化を図るためにもボランティア活動を積極的に受け入れるよう、そのための体制整備などについて提言を行った。特に、施設にボランティアを受け入れるのは、職員の勤務の省力化のためではなく、ボランティア活動そのものが学習活動であることから、その受け

入れは施設職員として当然の職務であることを認識することが必要であるなど、今日では当たり前となっている認識が、当時では新鮮な提言として注目された。

学習成果の活用方策としてのボランティア活動について、参考になる答申としては次のようなものがある。

①生涯学習審議会答申「今後の社会の動向に対応した生涯学習の振興方策について」（平成４（1992）年７月）

生涯学習とボランティア活動との関係について、ａ．ボランティア活動そのものが自己開発、自己実現につながる生涯学習となるという視点、ｂ．ボランティア活動を行うために必要な知識・技術を習得するための学習として生涯学習があり、学習成果を生かし、深める実践としてボランティア活動があるという視点、ｃ．人々の生涯学習を支援するボランティア活動によって、生涯学習の振興が一層図られるという視点をあげ、これらが実際の活動において相互に関連することを指摘した。

②生涯学習審議会答申「学習の成果を幅広く生かす」（平成11（1999）年６月）

学習成果を活用して社会で自己実現を図る場として緊要な課題となっているキャリア開発、ボランティア活動、地域社会での活動をテーマにあげ、それぞれの分野における振興方策を提言した。

③中央教育審議会答申「少年の奉仕活動・体験活動の推進方策等について」（平成14（2002）年７月）

「奉仕活動・体験活動」の意味、必要性や範囲の考え方等について整理し、その上で、初等中等教育段階までの青少年、18歳以降の青年や勤労者等の個人の「奉仕活動・体験活動」の奨励・支援のための方策等についてまとめた。

④中央教育審議会答申「新しい時代を切り拓く生涯学習の振興方策について

――知の循環型社会の構築を目指して――」（平成20（2008）年２月）

生涯学習・社会教育の推進を支える人材として、行政の専門的職員への期待とともに地域人材との連携・協力が不可欠であるとし、図書館司書や博物館学芸員の研修のほか学習成果を活用したボランティア活動の機会の確保、研修等を積極的に行うことを提言した。

６．評価と情報開示

平成20（2008）年の改正社会教育法において、公民館の運営状況について評価するとともに積極的な情報提供を行うよう新たな規定が設けられた（社会教育法第32条及び第32条の２）。改正図書館法及び改正博物館法においても同様の規定が設けられた（図書館法第７条の３及び第７条の４、博物館法第９条及び第９条の２）。今後、社会教育施設は、事業運営について第三者による評価と情報開示を積極的に行い、地域住民への利用サービスの向上に努める必要がある。その際、住民の高まる学習意欲に応え、学習機会の提供とその学んだ成果を生かす営みは、運営状況の評価対象として大きな位置を占めるものとなろう。

第２節　ボランティアを生かす社会教育施設経営

１．ボランティアという存在

社会教育施設の経営と結び付けてボランティアの存在を考えるということは、全国的にみても珍しいことではなくなってきた。**表９－１**のとおり、ボランティアの登録制度をもつ社会教育施設は図書館で７割に達しており、青少年教育施設や女性教育施設、生涯学習センターではそれぞれ３割を超えている。登録制度をもっていない施設でも実際にはボランティアが活動している場合を含めるならば、ボランティアの存在が社会教育施設の経営に与える影響に目を向けることは不可欠であると言える。

社会教育施設におけるボランティアの存在を考える上での具体的な論点とし

表9－1　社会教育施設におけるボランティアの登録制度の有無

	公民館（類似施設を含む）	図書館	博物館（類似施設を含む）	青少年教育施設	女性教育施設	体育施設	文化会館	生涯学習センター	計
施設数	15,399	3,274	5,747	1,048	375	37,730	1,866	409	65,848
ボランティアの登録制度を持つ施設数	2,473	2,311	1.375	331	130	1,151	431	131	8,333
ボランティアの登録制度を持つ施設の割合	16.1%	70.6%	23.9%	31.6%	34.7%	3.1%	23.1%	32.0%	12.7%

出典：文部科学省社会教育調査（平成23（2011）年度）

て、例えば前述の昭和61（1986）年の社会教育審議会社会教育施設分科会報告「社会教育施設におけるボランティア活動の促進について」の中では、ボランティアの存在が「社会教育施設の運営や事業の実施に新しい工夫をもたらし、施設をより多くの人々に親しまれるものにする」ことが指摘され、受け入れ体制や費用負担、事故防止の問題であったり、ボランティアの養成・研修及びボランティア活動の社会的評価ということが検討事項としてあげられていた。これらについては、その後もそれぞれの施設において検討されてきたものであるが、社会教育施設におけるボランティアの存在が珍しくなくなってきたこともあってか、施設側もボランティア自身も必ずしも意識していない場合がみられる。

ここで注意すべきことは、社会教育施設にとってボランティアの存在は決して所与のものではないということである。ともすれば、施設の新任職員や新人のボランティアにとっては、ボランティアという存在が当該施設の組織の中にあらかじめ組み込まれているものと受け止められてしまうかもしれないが、施設の管理運営主体が変われば、また施設の職員が入れ替われば、あるいはボランティアが入れ替われば、その施設にとってのボランティアという存在のもつ意味もまた変わって不思議ではない。ボランティア活動の特に自主性・自発性であったり先駆性・創造性といった性格についてどのように考えるのかという問題でもある。

2．ボランティアをめぐる関係性

⑴　ボランティアと職員の関係

それぞれの施設でボランティアがどのような活動をしているのかという点については施設種別とも関わって非常に多様な実態があり、例えばその活動内容のみでボランティアが担うべきものか否かという判断をすることは困難である。むしろ重要なことは、施設の管理・運営全般においてボランティアと職員の関係がどのような形になっているのかということである。

ボランティアが活動している施設、特に登録制度をもっている施設においては、施設内に職務分掌としてボランティア担当が置かれている場合がある（ボランティアを担当する部署が置かれているのは主に規模の大きい施設に限定されている）。このボランティア担当がボランティアの窓口役となり、施設職員とボランティアとの関係づくりにおいて重要な役割を果たしている。一方、ボランティアは施設において必ずしもボランティア担当の職員とのみ関わるわけではないが、その場面で中にはボランティアとの関係を築くことに苦労する職員も少なくない。

この問題については、ボランティア担当の職員が責任をもって職員とボランティアの間をコーディネートすることに労力を注ぐ（ボランティア担当の職員にそのような能力を高めてもらう）ことで解決を目指すという考え方も出てくるであろう。しかし、それ以上に個々の職員がボランティアとの関係づくりを進めていけるようなノウハウを身に付けることに力を入れることの方が重要ではないだろうか。ボランティア担当の存在を否定するわけではないが、それはあくまでも職員側の代表であって唯一の存在ではないということを前提とする必要がある。

⑵　ボランティア同士の関係

施設はまた、ボランティア同士の関係にも注目しなければならない。ケースバイケースではあるが、ボランティアはその経歴をとっても活動への動機をとっても、もち合わせている知識・技術をとっても非常に多様な存在である。知識・技術については施設のボランティア養成・研修プログラムなどによって一定の水準を保ってさらに底上げを図っていくことも可能ではあるが、それも施設の期待する成果が表れるかどうかは予測できない部分が多い。

そこで、広い意味で属性の異なるボランティア同士が同じ施設、同じ場面で一緒に活動するということに対し、施設及びボランティアに求められる配慮・工夫として、活動の目的についてボランティア同士で共通理解を深めていくプロセスの構築やその支援があげられる。ボランティアという存在を個人単位で捉えるのか集団として捉えるのかという問題にも関わるが、例えば個人の自己実現の側面と集団としての使命の達成という側面は必ずしも相反するものではないし、いずれかの側面だけが強調されることは結果としてボランティアの存在意義を低めてしまうことにつながりかねないことに注意しなければならない。

３．学習者としてのボランティア

ボランティアは施設の利用者の一部・代表（施設の運営諮問機関の委員などとは異なる形の）でもあるという位置付けは比較的受け入れられ易いものであると思われる。そのように考えるならば、社会教育施設にとってのボランティアという存在は、学習者の一形態であるという見方も可能であろう。社会教育施設自体が多様な学習者への総合的な支援という目的をもつ機関であるということを前提とし、その多様な学習者の一種としてボランティアが位置付けられるのである。

元々多くの社会教育施設は、ボランティアという肩書の有無にかかわらず、その管理・運営において施設職員以外の存在例えば広く地域住民の力を必要としてきたという歴史がある。それは施設職員の力量不足として否定的に捉えられかねない現象でもあるが、まさに「社会教育施設の運営や事業の実施に新しい工夫をもたらし、施設をより多くの人々に親しまれるものにする」存在として活動してきたという評価が妥当であろう。

さらに重要なことは、そのような活動自体が単に施設の管理・運営のための労力としてではなく、施設を活用した学習機会としても機能してきたということである。それは社会教育施設にとってボランティアという存在が一般的になりつつあるという状況においても変わらないどころか、その学習機会としての機能を効果的に発揮させることが求められているのではないだろうか。すなわち、社会教育施設の基本的役割の問題まで立ち返った検討が求められるテーマなのである。

その際、社会教育施設におけるボランティア活動をとおした学習が施設内のみで完結されるものなのか否かという点についても検討しなければならない。学校教育機関との比較で言えば社会教育施設における学習は施設内での完結性（体系性）よりもむしろその外部への発展性、施設外における学習との連動性が強調されることも少なくないが、施設内での完結性を全面的に否定することは少なくとも施設側の判断にのみゆだねられるべきことではない。ボランティア自身が施設内で完結する学習を求める場合も想定されるし、それを１つの学習ニーズとしてとらえて対応していくことが社会教育施設の役割というより使命であろう。

一方、施設におけるボランティア活動は一時的なもの、継続的なものだけでなく、断続的に展開される場合も少なくない。ボランティア活動については経済的・時間的余裕があるときに、あるいは活動意欲が湧いたときにというような様々な動機が複合的に関わっていることを考慮すれば、断続的なボランティア活動の存在を想定してその学習支援の工夫を試みることは施設の業務の一環として位置付けられてしかるべきことであると思われる。

第３節　運営状況についての情報提供と説明責任

１．行政機関における情報提供と説明責任

行政機関が保有する情報は、基本的には主権者である国民皆の共有財産であり、行政機関はこれを適切に利用・管理しなければならない。同時に行政機関はプライバシーに関わる情報や公益上秘密とすべき情報でない限り広く広報活動等を通じて国民に情報提供することが求められている。

我が国では、平成11（1999）年に「行政機関の保有する情報の公開に関する法律」（以下「情報公開法」と言う）が成立、平成13（2001）年４月から施行され、さらに平成14（2002）年10月から「独立行政法人等の保有する情報の公開に関する法律」が施行された。また、情報公開を背後から支える仕組みとして、平成17（2005）年４月から「行政機関の保有する個人情報の保護に関する法律」（以下「行政機関個人情報保護法」と言う）が、そして平成23（2011）年４月から「公文書等の管理に関する法律」が施行され、行政機関等が保有する文書へのアクセスの権利を保障する制度が整備された。

国の情報公開制度の目的は、国民主権の理念に則り、行政情報を公開することによって政策形成や行政運営の透明性を高めるとともに、行政機関が国民に対する説明責任（アカウンタビリティ）を果たし、的確な理解と批判の下に公正で民主的な行政の推進を図ることにある。同様に地方公共団体の情報公開制度は、各地方公共団体が保有している情報に対して、地域住民が公開を求める権利を制度的に確立するもので、各都道府県・市町村段階ごとに条例で定められている。

なお、「説明責任（アカウンタビリティ）」とは、もともとは会計学の用語で、財産管理の受託者がその委託者に対して負う会計上の責任のことを意味していたものが、行政機関や公共施設、企業等が自らの諸活動について透明性を維持して社会の了解や支持を得るために利害関係者（ステイクホルダー）に説明す

る義務、責任のことを指すようになった。

情報公開法では、法第３条に基づき、何人も行政機関の長に対し、当該行政機関の保有する行政文書の開示を請求することができ、開示請求を受理した行政機関は、不開示情報を除き、すべて開示しなければならないことが定められている。そして、開示決定等については、正当な理由がある場合を除き、開示請求があった日から30日以内に全部開示、一部開示、全部不開示のいずれかの決定を行わなければならないことが定められている。

この際、不開示とすることができる情報は、「氏名等により、特定の個人を識別することができる情報」、「特定の個人を識別することはできないが、公にすることで、なお個人の権利利益を害するおそれがある情報」等が法第５条第１号〜６号までに具体的かつ明確に列挙されているので、詳細については条文を確認されたい。

なお、同法第24条では、政府に対して開示請求制度に基づく受動的な開示にとどまらず、行政機関の保有する情報提供施策の充実に努めアカウンタビリティを確保することが定められている。

２．個人情報保護法と情報セキュリティ

行政機関個人情報保護法は、行政機関においても情報通信技術の進歩で大量の情報がコンピュータで処理されるなど個人情報の利用が拡大していることにかんがみ、行政機関における個人情報の取り扱いに関する基本的事項を定めている（第１条）。個人情報の取り扱い方によっては、個人の人格的、財産的な権利利益が侵害されるおそれがあることから、これらの侵害を未然に防止することを目的としている。

なお、この法律で「個人情報」とは、①生存する個人に関する情報（属性情報）であって、②氏名、生年月日等により特定の個人を識別することができるもの（識別情報）を言う。行政機関で保有している個人情報については、①利

用目的を超えた保有をしない（第３条)、②利用目的を明示する（第４条)、③情報の正確性を確保する（第５条)、④安全確保のための措置を講ずる（第６条)、⑤職務に関して知り得た情報をみだりに漏えいしない（第７条)、⑥目的外の利用・提供を行わない（第８条)、など適正な取り扱いのためのルールが定められている。

近年、企業等が所有する個人情報が流出する事件が発生しているが、社会教育行政においても個人情報を保有する社会教育施設における個人情報保護のための対策が重要となっており、各地方公共団体の定める個人情報保護条例に基づき個人情報の保護の徹底が求められている。

総務省では、地方公共団体が情報セキュリティ対策等を推進する上での参考となるよう、「地方公共団体における情報セキュリティポリシーに関するガイドライン」及び「情報セキュリティ監査に関するガイドライン」を策定しており、各地方公共団体が定める情報セキュリティポリシーに基づき、教職員及び関係者に対する教育、研修等のセキュリティ意識の向上を図るための取り組みや、外部業者への業務委託等に対する指導監督、個人情報の流失漏えい事故の際の連絡体制の確立等の情報セキユリティ対策を徹底することが期待されている。

３．社会教育施設における情報提供と説明責任

平成18（2006）年12月の教育基本法の改正により、国及び地方公共団体には、従来の図書館、博物館、公民館その他の社会教育施設の設置、学校の施設の利用に加えて、学習の機会及び情報の提供等に努めることが追加（第12条第２項）された。これは、人々の学習需要の高まりなどを背景として、社会教育施設本来の業務としてホームページ等による社会教育講座、美術展、展覧会等の開催情報など社会教育に関する情報の提供がより一層重視されてきたことによる。

同時に教育基本法には、学校、家庭及び地域住民等の相互の連携協力に関す

る規定が新設（第13条）されており、公民館をはじめとする各種の社会教育施設についても、当該地域における構成員との連携協力を確保する上での積極的な施設の運営状況等に関する情報の提供が求められている。

また、社会教育施設を設置・運営する教育行政に対しても、地方教育行政の組織及び運営に関する法律の改正により、平成20（2008）年度から、地域住民への説明責任を果たす観点から、教育委員会が毎年自らの活動状況の点検及び評価することが制度化されており、行政と住民との間の行政活動に関する情報の偏在を改善し、行政の透明性の確保と行政に対する住民の信頼性の向上を図ることが求められている。

平成25（2013）年６月14日閣議決定された「第2期教育振興基本計画」では、「成果目標８（互助・共助による活力あるコミュニティの形成）」において、「③住民等の地域社会への参画度合いの向上」、「④全ての学校、社会教育施設で運営状況の評価や情報提供の実施」が具体的な指標としてあげられており、「基本施策30　社会教育推進体制の強化」においては、「全ての社会教育施設で自己評価・情報公開が行われるよう促すなど、社会教育施設の運営の質の向上を図る」ことが明記されている。

社会教育行政では、地域住民の意思を反映した施策を展開するために、従来から広報・広聴が重視され、社会教育関係法令においても地域住民の代表者の意見を取り入れる仕組みが制度化されている。例えば、社会教育計画の立案については、社会教育法第17条において、地域の社会教育関係団体等の有識者を社会教育委員として任命することとしている。また、社会教育施設においては、公民館には公民館運営審議会が、公立図書館には図書館協議会が、公立博物館には博物館協議会が置かれており、広く地域住民の意見や利用者の意見を社会教育施設の運営に反映させる仕組みが設けられている。

平成20（2008）年に出された中央教育審議会答申「新しい時代を切り拓く生涯学習の振興方策について」では、生涯学習の振興方策の目指すべき施策の方向性として、地域社会の教育力向上のための目標設定に資する情報の提供及び普及啓発を行うことを行政の役割として求めている。また、公民館、図書館、博物館等の社会教育施設に対して、運営状況についての自己評価と地域住民等に対する情報提供の努力義務を課すことが指摘されており、平成20（2008）年の社会教育法等の改正では、公民館、図書館、博物館の運営の状況に関する評価の実施と情報提供についての努力義務が規定された。

４．公民館の運営状況についての情報提供と説明責任

公民館は、日頃から運営状況に関する情報を積極的に地域住民等に提供することにより、地域に密着した学習活動を行う社会教育施設としての説明責任を果たすとともに、住民との共通理解の下、個人の要望や社会の要請に適切に応える運営を行うことが期待されている。

平成18（2006）年12月の教育基本法改正により、「生涯学習の理念」の新設や社会教育関係の条項が改正されたことを受けて、平成20（2008）年６月４日に社会教育法の一部改正が行われ、平成20（2008）年６月11日に公布、施行された。その際、国及び地方公共団体の任務として、社会教育が学校教育及び家庭教育との密接な関連性を有することを踏まえ、学校、家庭及び地域住民等の関係者相互の連携及び協力の促進に資すること（第３条第３項）等が追加された。

公民館に関する社会教育法の具体的な改正点として、公民館の運営状況に関する評価を行うことが定められる（第32条）とともに、地域住民等に対する情報提供に努めることが定められ（第32条の２）、公民館が説明責任（アカウンタビリティ）を果たすことへの努力を求めている。

さらに、社会教育法に基づき定められている「公民館の設置及び運営に関する基準」では、公民館運営審議会を置く等の方法により、地域の実情に応じ、地域住民の意向を適切に反映した公民館の運営がなされるよう努めることや、当該公民館の目的を達成するため、各年度の事業の状況について、公民館運営審

議会等の協力を得つつ、自ら点検及び評価を行い、その結果を地域の人々に対して公表するように努めることが定められている。

近年の公民館では、従来の広報紙やホームページの充実だけでなく、フェイスブックやツイッターなどのSNS（ソーシャル・ネットワーキング・サービス）を活用した情報提供の取り組み例もみられるようになってきており、今後とも積極的な情報発信により人々の学習活動を通じた地域社会の活性化と地域の教育力の向上に一層の役割を果たしていくことが求められている。

5．図書館の運営状況についての情報提供と説明責任

図書館については、平成20（2008）年6月の図書館法の改正により、新たに図書館の運営状況についての評価の実施、学習成果を活用できる場の提供等の条項が追加された。

図書館法の具体的な改正点として、図書館の運営状況に関する評価を行うことが定められる（第7条の3）とともに、地域住民等に対する情報提供に努めることが定められ（第7条の4）、図書館が説明責任（アカウンタビリティ）を果たすことへの努力を求めている。

図書館法に基づき定められている「図書館の設置及び運営上の望ましい基準」においては、基準の対象に私立図書館が追加されるとともに、図書館の運営状況に関する評価及び改善並びに地域住民等に対する情報提供に努めることなどが盛り込まれている。

具体的には、都道府県・市町村立図書館に対して、基本的運営方針を踏まえ、図書館サービスその他図書館の運営に関する適切な指標を選定し、これらに係る目標を設定するとともに、事業年度ごとに当該事業年度の事業計画を策定し、公表するように努めることが定められている。

さらに、運営の状況に関する点検及び評価等として、自己点検評価の結果や関係者・第三者等の外部の点検及び評価の結果等について、インターネットを

はじめとした多様な媒体を活用することなどにより、積極的に公表するよう努めることが明記されている。

また、広報活動及び情報公開として、図書館に対する住民の理解と関心を高め、利用者の拡大を図るため、広報誌（紙）等の定期的な刊行やインターネット等を活用した情報発信等、積極的かつ計画的な広報活動及び情報公開に努めることが明記されており、今後、こうした基準を踏まえ、不断に図書館サービスの質の向上に努め、地域課題解決の支援と地域の活性化に貢献していくことが求められている。

６．博物館の運営状況についての情報提供と説明責任

博物館については、平成20（2008）年６月の博物館法の一部改正により、新たに博物館の運営状況についての評価の実施や運営状況に関する情報の提供、学習成果を活用できる場の提供等の条項が追加されている。

博物館法の具体的な改正点として、博物館の運営状況に関する評価を行うことが定められる（第９条）とともに、地域住民等に対する情報提供に努めることが定められ（第９条の２）、博物館が説明責任（アカウンタビリティ）を果たすことへの努力を求めている。

また、博物館法第８条で文部科学大臣が定めることとした「博物館の設置及び運営上の望ましい基準」では、博物館における資料の収集・保管・展示、調査研究、教育普及活動等の実施に関する基本的な運営の方針や事業年度ごとの事業計画の策定・公表に努めること（第３条）が明記されている。

また、基本的運営方針に基づいた運営の確保と事業水準の向上を図るため、自己点検評価に努めることや、博物館協議会、地域住民その他の外部による評価を行うように努めることが明記されるとともに、インターネット等により、積極的に公表するように努めることが明記されている。

今後、こうした基準に基づき、各博物館の目的と特徴を踏まえた博物館の水

準の維持・向上を図ることが求められている。

第4節 社会教育施設の経営と民間委託（指定管理者制度等）

1．民間活力の導入

行政が提供する公共サービスは、住民ニーズの多様化、高度化に対応するため拡大の一途をたどってきた。こうした状況に対して、自治体は、サービスの効率化を図り対応に努めてきたが、もはや行政のみで住民ニーズに対応していくことには質的にも量的にも限界となってきた。従来行政が担ってきた公共サービスを類別すると、行政でなければ対応し得ないものから、NPOや住民団体、民間企業などでも十分対応し得るものまで様々なレベルが存在する。そこで、これからの自治体における公共サービスの提供については、従来行政が担ってきた公共サービスの中で、行政でなければ対応し得ないもの以外は、公共サービスの提供主体となり得る意欲と能力を備えた多様な主体（住民団体、NPO、企業等）に委ね、民間等が有する高度な専門知識や経営資源の積極的な活用を図ることが必要とされ、民間活力の導入が進められてきた[(5)]。

民間活力を導入するための具体的手法については、一般的に次のような手法があり、事務事業の内容や手法の特性に応じて、どの手法が適切か検討のうえ、進められることになる。

①民営化　施設の民間委譲等により、サービス提供の実施主体が民間等となる。

②指定管理者制度　公の施設の目的達成のため、民間の能力・技術を活用して管理運営を委ねる。

③PFI（Public Finance Initiative）
　PFI推進法に基づき民間の資金・能力を活用し、公共施設の整備、運営等を行う。

④市民協働　市民、団体、市が相互に役割分担を行い協力する。

⑤民間委託　必要な監督権などを留保したうえで事務事業等を民間企業等に委ねる。

⑥人材派遣　「労働者派遣法[(6)]」に基づき、労働者派遣事業者から労働者の派遣を受け、市の指揮命令下で業務に従事させること。

２．指定管理者制度

ここでは、施設の運営に民間活力導入の具体的手法の１つである指定管理者制度について取り上げる。本制度は、地方自治法に規定する「公の施設」の運営について、従来の公共的な団体等に限定していた管理委託制度に代わって、議会の議決を経て指定される法人や団体などの「指定管理者」に、その管理運営を代行させることができるという制度である。ここで言う「公の施設」とは、地方自治法第244条第１項において、「住民の福祉を増進する目的をもってその利用に供するための施設」と定義されており、おおむね、次の要件を満たすものとされている。

①施設を設置した自治体の住民の利用に供するための施設であること

②住民の福祉を増進する目的をもって、自治体により設置された物的施設であること

③法律又は条例の規定により設置されているものであること

具体的には、公民館・博物館・図書館等の社会教育施設をはじめ文化施設・体育施設・福祉施設・コミュニティ施設など様々な施設が該当する。

一方、これまでの管理委託制度は、昭和38（1963）年の地方自治法改正において「公の施設」を公共団体または公共的団体へ管理を委託できるとしたことに始まる。平成３（1991）年の同法改正においては、地方公共団体の出資比率や人的な関与において一定の要件を満たす第三セクターにも管理受託を許可してその対象拡大を図った。しかし、平成15（2003）年６月の地方自治法の改正によって、管理委託制度は廃止され、これまでの団体に加え幅広く民間事業者

表9－2　「管理委託制度」と「指定管理者制度」の比較

区　分	管理委託制度 （従前） 〈地方自治法改正前〉	指定管理者制度 （新制度：平成15年９月施行） 〈地方自治法改正後〉
管理運営の主体	公共団体、公共的団体及び市出資法人（1/2以上出資等）に限定。	民間事業者を含む幅広い団体（法人格は必要ではない。個人は除く。）
管理者の定め方	相手方を条例で規定	議会の議決を経て指定
権限と業務の範囲	施設の設置者である地方公共団体との契約に基づき、具体的な管理の事務又は業務の執行を行う 施設の管理権限及び責任は地方自治体が引き続き有する（使用許可権限も付与できない）	施設の管理権限を指定管理者に委任（使用許可権限を含む） 地方自治体は、管理権限を行使せず、設置者としての責任を果たす立場から必要に応じて指示等を行う
契約の形態	委託契約	協定

を含んだ地方公共団体が指定する「指定管理者」が管理を代行することができるようになった。同年９月に施行され、施行後３年以内にそれまで管理委託制度によって運営していた施設は、直営に戻すか、指定管理者制度を導入するかの選択を迫られることになった。図書館および博物館については、図書館法と博物館法の規定から、指定管理者制度の導入についての適否が当初は問題になったが、平成17（2005）年１月に開催された全国生涯学習・社会教育主管部課長会議において、文部科学省は、図書館および博物館に対しても指定管理者制度の適用が可能である、との見解を示した。これを機に、全国で博物館および図書館における指定管理者制度の導入が広がることとなった。

３．社会教育施設における指定管理者制度の導入状況

社会教育施設における指定管理者制度の導入状況について、平成27（2015）年度の社会教育調査で確認すると、公立の社会教育関係施設（53,016施設）のうち、15,297施設（28.9％）で指定管理者制度を導入しており、前回の平成23

表9－3　種類別指定管理者別施設数

（施設）

区　分	計	公民館（類似施設含む）	図書館（同種施設含む）	博物館	博物館類似施設	青少年教育施設	女性教育施設	社会体育施設	劇場、音楽堂等	生涯学習センター
公立の施設数 （社会体育施設は団体数）	53,016 (53,804)	14,837 (15,392)	3,308 (3,249)	765 (724)	3,528 (3,522)	913 (1,020)	276 (277)	27,197 (27,469)	1,743 (1,742)	449 (409)
うち指定管理者導入施設数	15,297 (14,098)	1,303 (1,319)	516 (347)	183 (158)	1,096 (1,053)	374 (393)	94 (88)	10,604 (9,714)	1,006 (935)	121 (91)
公立の施設数に占める割合	28.9% (26.2%)	8.8% (8.6%)	15.6% (10.7%)	23.9% (21.8%)	31.1% (29.9%)	41.0% (38.5%)	34.1% (31.8%)	39.0% (35.4%)	57.7% (53.7%)	26.9% (22.2%)
地方公共団体	115 (147)	— (9)	— (1)	— (—)	16 (24)	7 (9)	— (—)	85 (95)	7 (9)	— (—)
地縁による団体 （自治会、町内会等）	806 (…)	350 (…)	8 (…)	1 (…)	42 (…)	18 (…)	9 (…)	347 (…)	4 (…)	27 (…)
一般社団法人・一般財団法人 公益社団法人・公益財団法人	5,648 (5,796)	287 (285)	55 (52)	128 (118)	523 (522)	143 (150)	37 (34)	3,888 (4,038)	539 (550)	48 (47)
会社	4,551 (3,865)	101 (92)	381 (223)	41 (31)	236 (211)	106 (87)	11 (7)	3,350 (2,953)	304 (244)	21 (17)
NPO	1,544 (1,136)	42 (33)	40 (44)	6 (4)	87 (73)	51 (49)	19 (22)	1,233 (858)	57 (47)	9 (6)
その他	2,633 (3,154)	523 (900)	32 (27)	7 (5)	192 (223)	49 (98)	18 (25)	1,701 (1,770)	95 (85)	16 (21)

（注）1．「指定管理者」とは、地方自治法第244条の2第3項に基づき管理者を指定している場合をいう。
2．（　）内は平成23年度調査の数値である。
3．「地縁による団体（自治会、町内会等）」は平成27年度から調査。

（2011）年度調査と比較しても2.7ポイント上昇している。各施設のうち最も割合が高いのは劇場、音楽堂等の57.7％で、次いで青少年教育施設の41.0％となっている。

公民館・図書館・博物館の社会教育施設に限ってみると、博物館が23.9％で最も導入が進んでおり、次いで図書館15.6％、公民館8.8％となっている。また、組織別の指定管理者の状況をみると、博物館は、「一般社団法人・一般財団法人（特例民法法人を含む。）」が多く、図書館は、「会社」、公民館は「その他」が多くなっている。

4．指定管理者制度導入にあたっての留意点

公の施設の運営に指定管理者制度を導入するか、直営で行うのかは、あくまでも自治体の政策判断によるものである。指定管理者制度導入の検討において、「コスト削減」が重視されがちであるが、最も重要なことは、自治体の政策の基本方針や、その中での当該施設の位置付け及びミッションを明らかにし、そこから望ましい管理運営のあり方を検討することである。また、導入にあたっての判断基準として、以下の項目についての照査が必要である。

①当該自治体における法規上の問題や制約がないか
②市民（利用者）サービスが維持・向上するか（利用者数の増加や将来的に利用料金の引き下げが見込めるかなど）
③市民の平等利用が確保できるか
④管理運営経費の削減が図れるか
⑤施設の設置目的が達成されるか

また、指定管理者制度の導入から７年を経た平成22（2010）年12月、地方公共団体において様々な取り組みがなされる中で、留意すべき点が明らかになっ

てきたとして、制度の適切な運用を図るために、総務省自治行政局より「指定管理者制度の運用について」の通知が出され、次の留意点が示されている。

①指定管理者制度については、公の施設の設置の目的を効果的に達成するため必要があると認めるときに活用できる制度であり、個々の施設に対し、指定管理者制度を導入するかしないかを含め、幅広く地方公共団体の自主性に委ねる制度となっていること。
②指定管理者制度は、公共サービスの水準の確保という要請を果たす最も適切なサービスの提供者を、議会の議決を経て指定するものであり、単なる価格競争による入札とは異なるものであること。
③指定管理者による管理が適切に行われているかどうかを定期的に見直す機会を設けるため、指定管理者の指定は、期間を定めて行うものとすることとされている。この期間については、法令上具体の定めはないものであり、公の施設の適切かつ安定的な運営の要請も勘案し、各地方公共団体において、施設の設置目的や実情等を踏まえて指定期間を定めること。
④指定管理者の指定の申請にあたっては、住民サービスを効果的、効率的に提供するため、サービスの提供者を民間事業者等から幅広く求めることに意義があり、複数の申請者に事業計画書を提出させることが望ましい。一方で、利用者や住民からの評価等を踏まえ同一事業者を再び指定している例もあり、各地方公共団体において施設の態様等に応じて適切に選定を行うこと。
⑤指定管理者制度を活用した場合でも、住民の安全確保に十分に配慮するとともに、指定管理者との協定等には、施設の種別に応じた必要な体制に関する事項、リスク分担に関する事項、損害賠償責任保険等の加入に関する事項等の具体的事項をあらかじめ盛り込むことが望ましいこと。
⑥指定管理者が労働法令を遵守することは当然であり、指定管理者の選定に

あたっても、指定管理者において労働法令の遵守や雇用・労働条件への適切な配慮がなされるよう、留意すること。

⑦指定管理者の選定の際に情報管理体制のチェックを行うこと等により、個人情報が適切に保護されるよう配慮すること。

⑧指定期間が複数年度にわたり、かつ、地方公共団体から指定管理者に対して委託料を支出することが確実に見込まれる場合には、債務負担行為を設定すること。

第５節　学習支援のための施設のネットワーキング

1．多様な社会教育施設のネットワークの必要性

社会教育に関わる施設には公民館、図書館、博物館をはじめ、社会教育を主たる設置目的とはしないものの社会教育の機能を併せもつ施設もある。それらは単独でも学習支援を行うが、複数の施設が連携・協力することで、つまり複数の施設をネットワークにすることにより、単独ではできない、または単独で行うよりも事業内容を充実、高度化するといった効果が期待されている。

平成10（1998）年９月の生涯学習審議会答申「社会の変化に対応した今後の社会教育行政の在り方について」では、「社会教育施設間のみならず、首長部局が所管する各種の施設等との積極的な連携を促進し、住民にとって利用しやすい生涯学習施設のネットワークを構築していくことが必要である」と指摘されている。

また、平成20（2008）年２月の中央教育審議会答申「新しい時代を切り拓く生涯学習の振興方策について――知の循環型社会の構築を目指して――」においても、「生涯学習振興行政を推進するに当たっては、国民一人一人の学習活動が様々な時間や場所において様々な方法で実施されていることから、多様な関係者・関係機関が連携し、それにより関係者・関係機関をつなぐネットワークを構築することが不可欠である。」とされている。

しかしながら、平成25（2013）年1月の「第6期中央教育審議会生涯学習分科会における議論の整理」（以下、本節では「議論の整理」とする）では、「依然として多くの地方公共団体では、公民館等の社会教育施設における講座等の実施を中心とした社会教育担当部局で完結した『自前主義』から脱却できないでいる。社会教育行政は、学校支援地域本部や放課後子ども教室など学校教育との連携・協働については、大きな成果をあげているものの、それ以外の領域については、多様な主体による社会教育事業との連携・協働が必ずしも十分に行えていないという現状が見られる。」と分析している。そのため、「事業の内容に重複や偏りがみられ、人々の学習ニーズや社会の要請に対応しきれない部分も生じてきている」とも指摘しており、社会教育施設だけでなく、多様な施設間での更なるネットワーキングが求められている。

2．社会教育施設のネットワーキング

さて、ネットワーキングとは、複数の人、モノ、情報などの間にネットワークを形成することである。それによってできたつながりのことを指すこともあるが、ここではネットワークを形成すること、ネットワークづくりと捉えておこう。社会教育施設のネットワーキングは、例えば、施設の担当者間で話し合えるようになったり、情報を共有したり、事業同士を関係付けたりすることである。社会教育施設の間にそのようなことを通したつながりがあることにより、共催事業の実施や学習資源の貸し借りなど、連携・協力が可能となっている。そのようなネットワーキングには、同種類の施設をつなぐ場合と、異種類の場合がある。また、一つの地方公共団体内だけでなく、広域的な地域連携の場合もある。

(1)　同種類の社会教育施設間のネットワーキング

公民館同士、図書館同士のような、同種類の施設間のネットワーキングの場

合は、各施設に同種類の事業があり、その事業担当者間で協力することにより、事業をより大規模に行うことができる。例えば、公民館同士の場合では、公民館でサークル活動などをしている人たちのための文化祭を大規模に行っているところがある。また、図書館では、複数館で所蔵する書籍や雑誌の情報をつなぎ、情報ネットワークを構築することにより、広域の図書館の情報検索を容易にしたり、自宅近くの図書館で他の館の書籍などを借りられる貸借サービスを可能にしている。

博物館の場合には、美術系、文学系、歴史系、科学系といったレベルでは同一地域に複数あることはあっても、全く同じ目的の博物館が複数あることはほとんどないと言ってよいであろう。しかし、博物館としてみれば、同種の施設とみることもできる。具体的には、お互いの館の情報を利用者に提供しあったり、複数館で共通に利用できる入館券を発行したり、一斉にナイトミュージアムなどのイベントを実施するなどを通して、それぞれの館の利用者を増やす努力をしている。

同種類の施設におけるネットワーキングの場合、それぞれの施設の機能やそれにより整備されている学習資源が似ているため、お互いに施設の実情を理解しやすく、下記の異種類の施設間に比べると比較的実施しやすいと言えるだろう。一方で、図書館の情報検索機能や貸借機能などを除けば、それぞれがもつ学習資源が似ているためにネットワーキングの必要性を感じにくい面がある。

⑵　異種類の社会教育施設間のネットワーキング

公民館と図書館、博物館と図書館などのように、施設の主たる設置目的が異なる施設の間のネットワーキングの場合、それぞれのもつ学習資源には違いがあり、その施設にはないものを他の施設から借りることができる。そのことにより、それまで実現できなかった事業が可能となる可能性がある。例えば、公民館と図書館の間におけるネットワーキングにより、公民館の図書室への書籍の貸し出しや共催事業を図書館で行うことなどがある。博物館と図書館においても、博物館の展示の際に図書館の貴重図書の貸し出しを行ったり、図書館の特別企画に博物館から実物の貸し出しを行うことなどが可能となっている。

このような異種類の施設間におけるネットワーキングの場合、各々の施設の独自性を生かしつつ、相補的関係が保たれ、ネットワーキングにより単独ではできない学習支援が可能となるため、ネットワーキングを行う意味が明確になりやすい。一方で、他の施設との日常的なつながりがなく、互いの施設の状況が分からないために、どのようなところでつながりを形成できるかが理解しづらいという課題がある。特に、平成25（2013）年の中央教育審議会生涯学習分科会の「議論の整理」でも指摘されていたように、社会教育を主たる設置目的としないような施設、組織とのネットワーキングはなかなか進まないのが現状である。

⑶　学校と社会教育施設のネットワーキング

そのような状況において、社会教育施設と学校間でのネットワーキングは成果を上げてきている。例えば、図書館から学校の図書室への定期的な書籍の貸し出しや、科学系博物館と学校の連携による理科教育、美術館と学校との連携による美術教育などが行われている。これらには学校教育における児童生徒の教育と図書館、博物館等の教育普及活動を同時に行うことができるという面があり、ネットワークを構築するよさは共有されやすいであろう。ただし、単発的に行われることも多いために、本来期待されるような教育効果があがっているかなど、具体的な実施内容、方法等について検討が進められている。

⑷　市町村、都道府県域を超えたネットワーキング

地域住民にとってより充実した、高度な学習支援を行うために必要な場合には、市町村単位、都道府県単位を超えた施設間でのネットワーキングを行う。図

書館の情報サービスなどインターネット等の発達により、広域的なネットワーキングも行われるようになっている。博物館でも広域になれば同種類の館が存在する可能性が増え、それらの間をつなぐことにより、利用者を増やすことが可能となる。

3．ネットワーキングの促進

施設間のネットワークは恒常的なものとは限らず、必要に応じて常に新たなネットワーキングを模索していくことが求められている。それがどのようなものであるかは地域の実情に応じて異なるが、ネットワーキングを促進するためには以下のようなことに取り組む必要があるだろう。

(1) 情報の共有――発信と収集――

先に述べたように、社会教育施設の職員がネットワーキングを模索しようとする場合、地域にどのような施設があり、それらがどのような学習資源をもち、どのような仕組みで運営されているのかなどを知ることが必要である。平成10(1998) 年の生涯学習審議会答申では、「ネットワークを構築するためには、国、地方公共団体、大学・研究機関、民間団体等に存在する人・もの・情報等に関する学習資源を調査、収集し、その学習資源を有効に活用できるようにすることが必要である」としている。現在は、各施設が情報公開に以前よりも力を入れてきているが、ネットワーキングを意図したときに他の施設から使われやすいものとしていくことが求められる。一方で、積極的に他の施設の情報を収集することにも力をいれていく必要があるだろう。施設職員が研修や他の施設の事業への参加などを通して情報収集することや自らの施設利用者を通して情報を収集するなどの努力が求められる。

(2)　地域の人材養成と確保

社会教育施設のネットワーキングには、ある施設の必要性から施設職員の熱心な働きかけからはじまる場合もあるが、地域全体の教育課題や行政課題と地域住民のニーズから教育委員会等の専門職員が働きかけていくことで進められる場合もある。ネットワーキングには、さらに、地域における多様な人材の参加・協力が不可欠であり、専門職員を含めた地域の人材の養成や確保が重要とされる。特にコーディネーターとしての役割を担ったり、複数の施設の状況を理解し協力できる人材が求められる。

(3)　ネットワークの評価

ネットワークはいったんでき上がれば、そのまま有効に機能していくというものではない。社会教育施設のネットワークもネットワークを構成する施設で目的が共有されているのか、期待された学習支援が可能となっているかなど、常に評価し、改善していくことが求められる。言い換えれば、ネットワーキングには終わりはなく、PDCA サイクルを通して常に良い状態を模索する必要がある。

第6節　社会教育施設の自己点検・評価

社会教育施設の自己点検・評価というときの施設には、どのようなものがあるのだろうか。

文部科学省の社会教育調査が対象としている施設は、公民館、図書館、博物館、博物館類似施設、青少年教育施設、女性教育施設、社会体育施設、文化会館、生涯学習センターなどである。

社会教育計画で扱うのはこれらであるから、ここでもそのことを念頭に置いて、社会教育施設に共通する自己点検・評価の基本的なことを取り上げることにしよう。施設ごとの自己点検・評価については、さらに個別に検討する必要がある。

1．自己点検と自己評価の考え方

評価といっても様々である。ここでは、評価を、設定された目標をどの程度達成したかを確かめるために情報や証拠を集め、その達成度を判断すること、としておきたい。ただし、その過程全体を評価ということもある。

自己点検と自己評価は同じような意味で使われたり、区別されて使われることもあったりして、用語法にあいまいなところもあるが、ここでは区別して、次のように捉えておくことにしよう。

⑴　自己点検

自己点検は、一定の項目についてある時点での自己の状態を明らかにし、問題や課題を析出することである。**図９－１**で言えば、例えば学習開始時（t_1）の状態（s_1）を項目Ａ～Ｄ……を用いて明らかにすることで、これは、**図９－１**の水平方向に項目Ａ～Ｄ……がどのような状態にあるかを明らかにすることと言える。自己点検は、目標に関わる段階毎の状態を明らかにするが、評価はしないので、達成度に関わる評価基準は不要である。

⑵　自己評価

自己評価は、**図９－１**で言えば、設定された目標状態（s_g）について、ある時点（t_1）での自己の状態（s_1）を明らかにしたうえで、一定時間後（t_n）に達成（あるいは到達）した状態（s_n）を評価基準によってs_1の状態と比較したり、目標状態（s_g）と比較したりして達成（到達）度を明らかにし、問題や課題を析出することである。これは、**図９－１**の垂直方向に状態の差を調べて、達成（到達）度を明らかにすることと言える。自己評価では、目標、段階毎の状態、評価基準のすべてが必要である。

図9－1　自己点検・自己評価

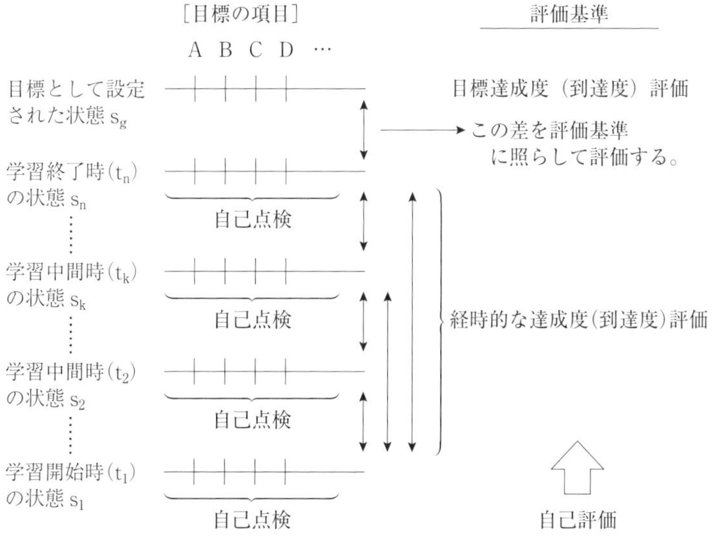

［目標の項目］
A　B　C　D　…

評価基準

目標として設定された状態 s_g　　目標達成度（到達度）評価
この差を評価基準に照らして評価する。
学習終了時 (t_n) の状態 s_n
自己点検
学習中間時 (t_k) の状態 s_k
自己点検
経時的な達成度（到達度）評価
学習中間時 (t_2) の状態 s_2
自己点検
学習開始時 (t_1) の状態 s_1
自己点検
自己評価

（山本恒夫「生涯学習事象理論」（日本生涯教育学会編『生涯学習研究 e 事典』（http://ejiten.javea.or.jp/）、2013・4・17アップ）より転載。）

図中の評価基準は達成度の評定を行う際に用いる基準で目標項目ごとに定めるが、達成度の要求水準がかなり高い場合の例をあげると、次のような基準を設定することが考えられる。

「とてもよい」（達成率90パーセント以上）、「よい」（達成率80～89パーセント、「ややよい」（達成率70～79パーセント）、「ふつう」（達成率60～69パーセント）、「ややわるい」（達成率50～59パーセント）、「わるい」（達成率40～49パーセント）、「非常にわるい」（達成率39パーセント以下）

2．自己点検・評価の目的

自己点検と自己評価の違いは、そのときの状態を調べるだけなのか（自己点検）、それに加えて達成度までも明らかにするのか（自己評価）、というところにあるが、その目的は同じで次の２つである。

①自己の活動の向上を図るための資料を得ること

②自己の目標・計画の改善を図るための資料を得ること

３．自己点検・評価の手順

自己点検・評価は、ふつう次のような手順で行われる。

①点検・評価のできるような目標・計画の策定、②点検・評価項目及び指標の決定、③点検方法・評価方法の選択、④点検・評価のためのデータ収集、⑤分析・解釈、⑥（評価にあっては）達成度の評定、⑦問題・課題の析出

４．自己点検・評価の項目

社会教育施設の自己点検・評価は、社会教育計画の項目について行うのが普通である。（第３章を参照。）しかし、それ以外にも、全国平均、都道府県別平均等との比較が必要になることもある。そのような場合には、文部科学省・社会教育調査の施設調査項目を取り入れるとよいであろう。

社会教育調査の調査事項には、事業実施に関する状況、施設の利用状況、ボランティア活動に関する事項などがある。それぞれの事項の調査項目の中から、全国平均や都道府県別平均等との比較が必要な項目を取り入れて自己点検・評価を行えば、他との比較による評価ができる。たとえば、公民館の事業実施に関する事項の調査項目には、公民館における学級・講座の開設状況、公民館における諸集会の実施状況などがあるので、それらの１館当たり平均を算出して、当該公民館と比較することができる。（詳しくは、３年ごとの文部科学省・社会教育調査報告書を参照。）

５．評価の技法

評価の技法は、社会教育施設に共通するものとそれぞれの評価に固有のものとがある。ここでは共通する技法を取り上げ、検討しておくことにしよう。

評価項目の性格によって定量的評価、定性的評価の両方ができることもあるし、その一方しかできないこともある。いずれにしても、評価を行うための技法が必要である。評価技法にはいろいろあるが、ここでは、施設の評価に用いることのできるごく簡単な技法の例をあげておくことにしよう。一般的で、使いやすい評価技法としては、次のようなものがある。

○数量的な目標値を設定できるもの。

達成率の利用

達成率＝(達成値／目標値)×100

○数量的な目標値は設定できないが、結果として一定期間（例えば１年）ごとの数量が分かるもの。

時系列指数の利用

時系列指数＝(ある時の数量／参照基準)×100

参照基準：基準とする時の数量（どこをとってもよいが、市町村合併後の最初の年というように、意味のあるところの方がよいであろう。)

○質問紙調査によってデータを収集できるもの。

効果測定の利用

例：利用者アンケート、職員アンケーなどによって効果を測定する。

○数量的に対象を把握できないもの。

記述法の利用

文書類、利用者や職員の反応・意見等の記録類によって達成度や効果を記述する。

ここにあげた達成率は、目標値のある定量的評価の場合に用いられる。達成率は目標値の種類によっては、到達率となったり、充足率となったりするなど名称は様々である。

時系列指数は、目標値が立てられない場合の技法としてあげてあるが、勿論、目標値があって、達成率を算出する場合でも、時系列指数を出して、その変化を分析するというような使い方もあり、時系列指数そのものは多様な使われ方をしている。

時系列指数を作れば、時系列変動の分析を行うことができるので。経済や経営の分野では、時系列指数を用いた時系列分析がかなり進んでいる。施設の時系列変動も、他の分野での時系列変動の場合と同様に、次のような分析をすることができるであろう。

①トレンド（傾向変動）

取り上げた項目（変数）の上昇や下降の傾向など。

②循環変動

トレンドのまわりに存在するかなり周期的な変動。

③季節変動

１年の中での季節による変動をあらわす要素。

注

(1) 「生涯学習の振興方策を図る上で、各個人がそれぞれの趣味・教養等の生きがいを大切にする充実した人生や人間的なつながりを育むなどの人間的価値の追求を行う視点、地域社会の構成員としての責任を果たす地域の人材の育成等の社会的価値の追求を行う視点、また、各個人が経済的に豊かな社会生活を送ることができるよう職業能力等の向上を図ることや国民一人一人の能力の向上により社会全体の発展を図る等の経済的価値の追求を行う視点等のバランスをとることが大切である。」（「新しい時代を切り拓く生涯学習の振興方策について――知の循環型社会の構築を目指して――」（中央教育審議会答申）平成20（2008）年２月）。

⑵　このことについは、坂本登「社会教育法等の一部を改正する法律案に対する『附帯決議』の意味を考える」、財団法人全日本社会教育連合会（現一般財団法人日本青年館）『社会教育』、平成20（2008）年10月が参考となる。

⑶　これからの博物館の在り方に関する検討協力者会議「博物館の設置及び運営上の望ましい基準の見直しについて『これからの博物館の在り方に関する検討協力者会議』報告書」、平成22（2010）年３月。

⑷　文部科学事務次官通知「社会教育法等の一部を改正する法律等の施行について」、平成20（2008）年６月。

⑸　平成17（2005）年３月に総務省の分権型社会に対応した地方行政組織運営の刷新に関する研究会が公表した「分権型社会における自治体経営の刷新戦略――新しい公共空間の形成を目指して――」において指摘されている。

⑹　労働者派遣事業の適正な運営の確保及び派遣労働者の就業条件の整備等に関する法律。

参考文献

- 宇賀克也『新・情報公開法の逐条解説［第５版］』有斐閣、平成22（2010）年
- 原田尚彦『行政法要覧（全訂第七版補訂二版）』学陽書房、平成24（2012）年
- 櫻井敬子／橋本博之『行政法（第４版）』弘文堂、平成25（2013）年
- 井内慶次郎監修、山本恒夫／浅井経子／椎廣行編者『生涯学習［自己点検・評価］ハンドブック――行政機関・施設における評価技法の開発と展開――』文憲堂、平成16（2004）年
- 夏井高人／新保史生『個人情報保護条例と自治体の責務』ぎょうせい、平成19（2007）年
- 田中壮一郎監修、教育基本法研究会編著『逐条解説　改正教育基本法』第一法規、平成19（2007）年
- 井内慶次郎／山本恒夫／浅井経子『改訂　社会教育法解説（第３版）』財団法人全日本社会教育連合会、平成20（2008）年
- 栗原祐司「教育基本法改正から社会教育３法成立までの経緯」、『社会教育 No.748』日本青年館、平成20（2008）年
- 薬袋秀樹「図書館法改正と生涯学習振興政策」、『日本生涯教育学会年報第29号』、平成20

（2008）年
- 服部英二「指定管理者制度の導入の背景と制度をめぐる諸課題」、㈶全日本社会教育連合会『社会教育』、平成22（2010）年、32-35頁
- 市長公室政策経営課経営管理係、行政改革推進本部事務局『桑名市民間活力導入に関する指針――「新しい公共空間」の形成と「効率的な行政運営」の推進を目指して――』、平成23（2011）年
- 柳与志夫「社会教育施設への指定管理者制度導入に関わる問題点と今後の課題――図書館および博物館を事例として――」、国立国会図書館調査及び立法考査局『レファレンス』、平成24（2012）年、79-91頁
- 井上伸良「社会教育施設における管理主体の多様化に関する考察――青少年教育施設を例に――」、国立青少年教育振興機構『国立オリンピック記念青少年総合センター研究紀要』第6号、平成18（2006）年、1-8頁
- 文部科学省「平成27年度社会教育調査」

資料　教育基本法と社会教育法（附則抄、附則は略）

教育基本法

（平成十八年十二月二十二日法律第百二十号）

前文

教育基本法（昭和二十二年法律第二十五号）の全部を改正する。

我々日本国民は、たゆまぬ努力によって築いてきた民主的で文化的な国家を更に発展させるとともに、世界の平和と人類の福祉の向上に貢献することを願うものである。

我々は、この理想を実現するため、個人の尊厳を重んじ、真理と正義を希求し、公共の精神を尊び、豊かな人間性と創造性を備えた人間の育成を期するとともに、伝統を継承し、新しい文化の創造を目指す教育を推進する。

ここに、我々は、日本国憲法　の精神にのっとり、我が国の未来を切り拓く教育の基本を確立し、その振興を図るため、この法律を制定する。

第一章　教育の目的及び理念

（教育の目的）

第一条　教育は、人格の完成を目指し、平和で民主的な国家及び社会の形成者として必要な資質を備えた心身ともに健康な国民の育成を期して行われなければならない。

（教育の目標）

第二条　教育は、その目的を実現するため、学問の自由を尊重しつつ、次に掲げる目標を達成するよう行われるものとする。

一　幅広い知識と教養を身に付け、真理を求める態度を養い、豊かな情操と道徳心を培うとともに、健やかな身体を養うこと。

二　個人の価値を尊重して、その能力を伸ばし、創造性を培い、自主及び自律の精神を養うとともに、職業及び生活との関連を重視し、勤労を重んずる態度を養うこと。

三　正義と責任、男女の平等、自他の敬愛と協力を重んずるとともに、公共の精神に基づき、主体的に社会の形成に参画し、その発展に寄与する態度を養うこと。

四　生命を尊び、自然を大切にし、環境の保全に寄与する態度を養うこと。

五　伝統と文化を尊重し、それらをはぐくんできた我が国と郷土を愛するとともに、他国を尊重し、国際社会の平和と発展に寄与する態度を養うこと。

（生涯学習の理念）

第三条　国民一人一人が、自己の人格を磨き、豊かな人生を送ることができるよう、その生涯にわたって、あらゆる機会に、あらゆる場所において学習することができ、その成果を適切に生かすことのできる社会の実現が図られなければならない。

（教育の機会均等）

第四条　すべて国民は、ひとしく、その能力に応じた教育を受ける機会を与えられなければならず、人種、信条、性別、社会的身分、経済的地位又は門地によって、教育上差別されない。

2　国及び地方公共団体は、障害のある者が、その障害の状態に応じ、十分な教育を受けられるよう、教育上必要な支援を講じなければならない。

3　国及び地方公共団体は、能力があるにもかかわらず、経済的理由によって修学が困難な者に対して、奨学の措置を講じなければならない。

第二章　教育の実施に関する基本

（義務教育）

第五条　国民は、その保護する子に、別に法律で定めるところにより、普通教育を受けさせる義務を負う。

2　義務教育として行われる普通教育は、各個人の有する能力を伸ばしつつ社会において自立的に生きる基礎を培い、また、国家及び社会の形成者として必要とされる基本的な資質を養うことを目的として行われるものとする。

3　国及び地方公共団体は、義務教育の機会を保障し、その水準を確保するため、適切な役割分担及び相互の協力の下、その実施に責任を負う。

4　国又は地方公共団体の設置する学校における義務教育については、授業料を徴収しない。

（学校教育）

第六条　法律に定める学校は、公の性質を有するものであって、国、地方公共団体及び法律に定める法人のみが、これを設置することができる。

2　前項の学校においては、教育の目標が達成されるよう、教育を受ける者の心身の発達に応じて、体系的な教育が組織的に行われなければならない。この場合において、教育を受ける者が、学校生活を営む上で必要な規律を重んずるとともに、自ら進んで学習に取り組む意欲を高めることを重視して行われなければならない。

（大学）

第七条　大学は、学術の中心として、高い教養と専門的能力を培うとともに、深く真理を探究して新たな知見を創造し、これらの成果を広く社会に提供することにより、社会の発展に寄与するものとする。

2　大学については、自主性、自律性その他の大学における教育及び研究の特性が尊重されなければならない。

（私立学校）

第八条　私立学校の有する公の性質及び学校教育において果たす重要な役割にかんがみ、国及び地方公共団体は、その自主性を尊重しつつ、助成その他の適当な方法によって私立学校教育の振興に努めなければならない。

（教員）

第九条　法律に定める学校の教員は、自己の崇高な使命を深く自覚し、絶えず研究と修養に励み、その職責の遂行に努めなければならない。

2　前項の教員については、その使命と職責の重要性にかんがみ、その身分は尊重され、待遇の適正が期せられるとともに、養成と研修の充実が図られなければならない。

（家庭教育）

第十条　父母その他の保護者は、子の教育について第一義的責任を有するものであって、生活のために必要な習慣を身に付けさせるとともに、自立心を育成し、心身の調和のとれた発達を図るよう努めるものとする。

2　国及び地方公共団体は、家庭教育の自主性を尊重しつつ、保護者に対する学習の機会及び情報の提供その他の家庭教育を支援するために必要な施策を講ずるよう努めなければならない。

（幼児期の教育）

第十一条　幼児期の教育は、生涯にわたる人格形成の基礎を培う重要なものであることにかんがみ、国及び地方公共団体は、幼児の健やかな成長に資する良好な環境の整備その他適当な方法によって、その振興に努めなければならない。

（社会教育）

第十二条　個人の要望や社会の要請にこたえ、社会において行われる教育は、国及び地方公共団体によって奨励されなければならない。

2　国及び地方公共団体は、図書館、博物館、公民館その他の社会教育施設の設置、学校の施設の利用、学習の機会及び情報の提供その他の適当な方法によって社会教育の振興に努めなければならない。

（学校、家庭及び地域住民等の相互の連携協力）

第十三条　学校、家庭及び地域住民その他の関係者は、教育におけるそれぞれの役割と責任を自覚するとともに、相互の連携及び協力に努めるものとする。

（政治教育）

第十四条　良識ある公民として必要な政治的教養は、教育上尊重されなければならない。

2　法律に定める学校は、特定の政党を支持し、又はこれに反対するための政治教育その他政治的活動をしてはならない。

（宗教教育）

第十五条　宗教に関する寛容の態度、宗教に関する一般的な教養及び宗教の社会生活における地位は、教育上尊重されなければならない。

2　国及び地方公共団体が設置する学校は、特定の宗教のための宗教教育その他宗教的活動をしてはならない。

第三章　教育行政

（教育行政）

第十六条　教育は、不当な支配に服することなく、この法律及び他の法律の定めるところにより行われるべきものであり、教育行政は、国と地方公共団体との適切な役割分担及び相互の協力の下、公正かつ適正に行われなければならない。

2　国は、全国的な教育の機会均等と教育水準の維持向上を図るため、教育に関する施策を総合的に策定し、実施しなければならない。

3　地方公共団体は、その地域における教育の振興を図るため、その実情に応じた教育に関する施策を策定し、実施しなければならない。

4　国及び地方公共団体は、教育が円滑かつ継続的に実施されるよう、必要な財政上の措置を講じなければならない。

（教育振興基本計画）

第十七条　政府は、教育の振興に関する施策の総合的かつ計画的な推進を図るため、教育の振興に関する施策についての基本的な方針及び講ずべき施策その他必要な事項について、基本的な計画を定め、これを国会に報告するとともに、公表しなければならない。

2　地方公共団体は、前項の計画を参酌し、その地域の実情に応じ、当該地方公共団体における教育の振興のための施策に関する基本的な計画を定めるよう努めなければならない。

第四章　法令の制定

第十八条　この法律に規定する諸条項を実施するため、必要な法令が制定されなければならない。

社会教育法

（昭和二十四年六月十日法律第二百七号）

最終改正：平成二六年六月二〇日法律第七六号

第一章　総則

（この法律の目的）

第一条　この法律は、教育基本法（平成十八年法律第百二十号）の精神に則り、社会教育に関する国及び地方公共団体の任務を明らかにすることを目的とする。

（社会教育の定義）

第二条　この法律で「社会教育」とは、学校教育法（昭和二十二年法律第二十六号）に基き、学校の教育課程として行われる教育活動を除き、主として青少年及び成人に対して行われる組織的な教育活動（体育及びレクリエーションの活動を含む。）をいう。

（国及び地方公共団体の任務）

第三条　国及び地方公共団体は、この法律及び他の法令の定めるところにより、社会教育の奨励に必要な施設の設置及び運営、集会の開催、資料の作製、頒布その他の方法により、すべての国民があらゆる機会、あらゆる場所を利用して、自ら実際生活に即する文化的教養を高め得るような環境を醸成するように努めなければならない。

2　国及び地方公共団体は、前項の任務を行うに当たつては、国民の学習に対する多様な需要を踏まえ、これに適切に対応するために必要な学習の機会の提供及びその奨励を行うことにより、生涯学習の振興に寄与することとなるよう努めるものとする。

3　国及び地方公共団体は、第一項の任務を行うに当たつては、社会教育が学校教育及び家庭教育との密接な関連性を有することにかんがみ、学校教育との連携の確保に努め、及び家庭教育の向上に資することとなるよう必要な配慮をするとともに、学校、家庭及び地域住民その他の関係者相互間の連携及び協力の促進に資することとなるよう努めるものとする。

（国の地方公共団体に対する援助）

第四条　前条第一項の任務を達成するために、国は、この法律及び他の法令の定めるところにより、地方公共団体に対し、予算の範囲内において、財政的援助並びに物資の提供及びそのあつせんを行う。

（市町村の教育委員会の事務）

第五条　市（特別区を含む。以下同じ。）町村の教育委員会は、社会教育に関し、当該地方の必要に応じ、予算の範囲内において、次の事務を行う。

一　社会教育に必要な援助を行うこと。

二　社会教育委員の委嘱に関すること。

三　公民館の設置及び管理に関すること。

四　所管に属する図書館、博物館、青年の家その他の社会教育施設の設置及び管理に関すること。

五　所管に属する学校の行う社会教育のための講座の開設及びその奨励に関すること。

六　講座の開設及び討論会、講習会、講演会、展示会その他の集会の開催並びにこれらの奨励に関すること。

七　家庭教育に関する学習の機会を提供するための講座の開設及び集会の開催並びに家庭教育に関する情報の提供並びにこれらの奨励に関すること。

八　職業教育及び産業に関する科学技術指導のための集会の開催並びにその奨励に関すること。

九　生活の科学化の指導のための集会の開催及びその奨励に関すること。

十　情報化の進展に対応して情報の収集及び利用を円滑かつ適正に行うために必要な知識又は技能に関する学習の機会を提供するための講座の開設及び集会の開催並びにこれらの奨励に関すること。

十一　運動会、競技会その他体育指導のための集会の開催及びその奨励に関すること。

十二　音楽、演劇、美術その他芸術の発表会等の開催及びその奨励に関すること。

十三　主として学齢児童及び学齢生徒（それぞれ学校教育法第十八条に規定する学齢児童及び学齢生徒をいう。）に対し、学校の授業の終了後又は休業日において学校、社会教育施設その他適切な施設を利用して行う学習その他の活動の機会を提供する事業の実施並びにその奨励に関すること。

十四　青少年に対しボランティア活動など社会奉仕体験活動、自然体験活動その他の体験活動の機会を提供する事業の実施及びその奨励に関すること。

十五　社会教育における学習の機会を利用して行つた学習の成果を活用して学校、社会教育施設その他地域において行う教育活動その他の活動の機会を提供する事業の実施及びその奨励に関すること。

十六　社会教育に関する情報の収集、整理及び提供に関すること。

十七　視聴覚教育、体育及びレクリエーションに必要な設備、器材及び資料の提供に関すること。

十八　情報の交換及び調査研究に関すること。

十九　その他第三条第一項の任務を達成するために必要な事務

2　市町村の教育委員会は、前項第十三号から第十五号までに規定する活動であつて地域住民その他の関係者（以下この項及び第九条の七第二項において「地域住民等」という。）が学校と協働して行うもの（以下「地域学校協働活動」という。）の機会を提供する事業を実施するに当たつては、地域住民等の積極的な参加を得て当該地域学校協働活動が学校との適切な連携の下に円滑かつ効果的に実施されるよう、地域住民等と学校との連携協力体制の整備、地域学校協働活動に関する普及啓発その他の必要な措置を講ずるものとする。

（都道府県の教育委員会の事務）

第六条　都道府県の教育委員会は、社会教育に関し、当該地方の必要に応じ、予算の範囲内において、前条第一項各号の事務（同項第三号の事務を除く。）を行うほか、次の事務を行う。

一　公民館及び図書館の設置及び管理に関し、必要な指導及び調査を行うこと。

二　社会教育を行う者の研修に必要な施設の設置及び運営、講習会の開催、資料の配布等に関すること。

三　社会教育施設の設置及び運営に必要な物資の提供及びそのあつせんに関すること。

四　市町村の教育委員会との連絡に関すること。

五　その他法令によりその職務権限に属する事項

2　前条第二項の規定は、都道府県の教育委員会が地域学校協働活動の機会を提供する事業を実施する場合に準用する。

（教育委員会と地方公共団体の長との関係）

第七条　地方公共団体の長は、その所掌事項に関する必要な広報宣伝で視聴覚教育の手段を利用しその他教育の施設及び手段によることを適当とするものにつき、教育委員会に対し、その実施を依頼し、又は実施の協力を求めることができる。

2　前項の規定は、他の行政庁がその所掌に関する必要な広報宣伝につき、教育委員会に対し、その実施を依頼し、又は実施の協力を求める場合に準用する。

第八条　教育委員会は、社会教育に関する事務を行うために必要があるときは、当該地方公共団体の長及び関係行政庁に対し、必要な資料の提供その他の協力を求めることができる。

（図書館及び博物館）

第九条　図書館及び博物館は、社会教育のための機関とする。

2　図書館及び博物館に関し必要な事項は、別に法律をもつて定める。

第二章　社会教育主事等

（社会教育主事及び社会教育主事補の設置）

第九条の二　都道府県及び市町村の教育委員会の事務局に、社会教育主事を置く。

2　都道府県及び市町村の教育委員会の事務局に、社会教育主事補を置くことができる。

（社会教育主事及び社会教育主事補の職務）

第九条の三　社会教育主事は、社会教育を行う者に専門的技術的な助言と指導を与える。ただし、命令及び監督をしてはならない。

2　社会教育主事は、学校が社会教育関係団体、地域住民その他の関係者の協力を得て教育活動を行う場合には、その求めに応じて、必要な助言を行うことができる。

3　社会教育主事補は、社会教育主事の職務を助ける。

（社会教育主事の資格）

第九条の四　次の各号のいずれかに該当する者は、社会教育主事となる資格を有する。

一　大学に二年以上在学して六十二単位以上を修得し、又は高等専門学校を卒業し、かつ、次に掲げる期間を通算した期間が三年以上になる者で、次条の規定による社会教育主事の講習を修了したもの

イ　社会教育主事補の職にあつた期間

ロ　官公署、学校、社会教育施設又は社会教育関係団体における職で司書、学芸員その他の社会教育主事補の職と同等以上の職として文部科学大臣の指定するものにあつた期間

ハ　官公署、学校、社会教育施設又は社会教育関係団体が実施する社会教育に関係のある事業における業務であつて、社会教育主事として必要な知識又は技能の習得に資するものとして文部科学大臣が指定するものに従事した期間（イ又

はロに掲げる期間に該当する期間を除く。）
二　教育職員の普通免許状を有し、かつ、五年以上文部科学大臣の指定する教育に関する職にあつた者で、次条の規定による社会教育主事の講習を修了したもの
三　大学に二年以上在学して、六十二単位以上を修得し、かつ、大学において文部科学省令で定める社会教育に関する科目の単位を修得した者で、第一号イからハまでに掲げる期間を通算した期間が一年以上になるもの
四　次条の規定による社会教育主事の講習を修了した者（第一号及び第二号に掲げる者を除く。）で、社会教育に関する専門的事項について前三号に掲げる者に相当する教養と経験があると都道府県の教育委員会が認定したもの

（社会教育主事の講習）
第九条の五　社会教育主事の講習は、文部科学大臣の委嘱を受けた大学その他の教育機関が行う。
2　受講資格その他社会教育主事の講習に関し必要な事項は、文部科学省令で定める。

（社会教育主事及び社会教育主事補の研修）
第九条の六　社会教育主事及び社会教育主事補の研修は、任命権者が行うもののほか、文部科学大臣及び都道府県が行う。

（地域学校協働活動推進員）
第九条の七　教育委員会は、地域学校協働活動の円滑かつ効果的な実施を図るため、社会的信望があり、かつ、地域学校協働活動の推進に熱意と識見を有する者のうちから、地域学校協働活動推進員を委嘱することができる。
2　地域学校協働活動推進員は、地域学校協働活動に関する事項につき、教育委員会の施策に協力して、地域住民等と学校との間の情報の共有を図るとともに、地域学校協働活動を行う地域住民等に対する助言その他の援助を行う。

第三章　社会教育関係団体

（社会教育関係団体の定義）
第十条　この法律で「社会教育関係団体」とは、法人であると否とを問わず、公の支配に属しない団体で社会教育に関する事業を行うことを主たる目的とするものをいう。

（文部科学大臣及び教育委員会との関係）
第十一条　文部科学大臣及び教育委員会は、社会教育関係団体の求めに応じ、これに対し、専門的技術的指導又は助言を与えることができる。
2　文部科学大臣及び教育委員会は、社会教育関係団体の求めに応じ、これに対し、社会教育に関する事業に必要な物資の確保につき援助を行う。

（国及び地方公共団体との関係）
第十二条　国及び地方公共団体は、社会教育関係団体に対し、いかなる方法によつても、不当に統制的支配を及ぼし、又はその事業に干渉を加えてはならない。

（審議会等への諮問）
第十三条　国又は地方公共団体が社会教育関係団体に対し補助金を交付しようとする場合には、あらかじめ、国にあつては文部科学大臣が審議会等（国家行政組織法（昭和二十三年法律第百二十号）第八条に規定する機関をいう。第五十一条第三項において同じ。）で政令で定めるものの、地方公共団体にあつては教育委員会が社会教育委員の会議（社会教育委員が置かれていない場合には、条例で定めるところにより社会教育に係る補助金の交付に関する事項を調査審議する審議会その他の合議制の機関）の意見を聴いて行わなければならない。

（報告）
第十四条　文部科学大臣及び教育委員会は、社会教育関係団体に対し、指導資料の作製及び調査研究のために必要な報告を求めることができる。

第四章　社会教育委員

（社会教育委員の設置）
第十五条　都道府県及び市町村に社会教育委員を置くことができる。
2　社会教育委員は、教育委員会が委嘱する。

（削除）
第十六条　削除

（社会教育委員の職務）
第十七条　社会教育委員は、社会教育に関し教育長を経て教育委員会に助言するため、左の職務を行う。

一　社会教育に関する諸計画を立案すること。

二　定時又は臨時に会議を開き、教育委員会の諮問に応じ、これに対して、意見を述べること。

三　前二号の職務を行うために必要な研究調査を行うこと。

2　社会教育委員は、教育委員会の会議に出席して社会教育に関し意見を述べることができる。

3　市町村の社会教育委員は、当該市町村の教育委員会から委嘱を受けた青少年教育に関する特定の事項について、社会教育関係団体、社会教育指導者その他関係者に対し、助言と指導を与えることができる。

（社会教育委員の委嘱の基準等）

第十八条　社会教育委員の委嘱の基準、定数及び任期その他社会教育委員に関し必要な事項は、当該地方公共団体の条例で定める。この場合において、社会教育委員の委嘱の基準については、文部科学省令で定める基準を参酌するものとする。

第十九条　　削除

第五章　公民館

（目的）

第二十条　公民館は、市町村その他一定区域内の住民のために、実際生活に即する教育、学術及び文化に関する各種の事業を行い、もつて住民の教養の向上、健康の増進、情操の純化を図り、生活文化の振興、社会福祉の増進に寄与することを目的とする。

（公民館の設置者）

第二十一条　公民館は、市町村が設置する。

2　前項の場合を除くほか、公民館は、公民館の設置を目的とする一般社団法人又は一般財団法人（以下この章において「法人」という。）でなければ設置することができない。

3　公民館の事業の運営上必要があるときは、公民館に分館を設けることができる。

（公民館の事業）

第二十二条　公民館は、第二十条の目的達成のために、おおむね、左の事業を行う。但し、この法律及び他の法令によつて禁じられたものは、この限りでない。

一　定期講座を開設すること。

二　討論会、講習会、講演会、実習会、展示会等を開催すること。

三　図書、記録、模型、資料等を備え、その利用を図ること。

四　体育、レクリエーション等に関する集会を開催すること。

五　各種の団体、機関等の連絡を図ること。

六　その施設を住民の集会その他の公共的利用に供すること。

（公民館の運営方針）

第二十三条　公民館は、次の行為を行つてはならない。

一　もつぱら営利を目的として事業を行い、特定の営利事務に公民館の名称を利用させその他営利事業を援助すること。

二　特定の政党の利害に関する事業を行い、又は公私の選挙に関し、特定の候補者を支持すること。

2　市町村の設置する公民館は、特定の宗教を支持し、又は特定の教派、宗派若しくは教団を支援してはならない。

（公民館の基準）

第二十三条の二　文部科学大臣は、公民館の健全な発達を図るために、公民館の設置及び運営上必要な基準を定めるものとする。

2　文部科学大臣及び都道府県の教育委員会は、市町村の設置する公民館が前項の基準に従つて設置され及び運営されるように、当該市町村に対し、指導、助言その他の援助に努めるものとする。

（公民館の設置）

第二十四条　市町村が公民館を設置しようとするときは、条例で、公民館の設置及び管理に関する事項を定めなければならない。

第二十五条及び第二十六条　削除

（公民館の職員）

第二十七条　公民館に館長を置き、主事その他必要な職員を置くことができる。
2　館長は、公民館の行う各種の事業の企画実施その他必要な事務を行い、所属職員を監督する。
3　主事は、館長の命を受け、公民館の事業の実施にあたる。

第二十八条　市町村の設置する公民館の館長、主事その他必要な職員は、教育長の推薦により、当該市町村の教育委員会が任命する。

（公民館の職員の研修）
第二十八条の二　第九条の六の規定は、公民館の職員の研修について準用する。

（公民館運営審議会）
第二十九条　公民館に公民館運営審議会を置くことができる。
2　公民館運営審議会は、館長の諮問に応じ、公民館における各種の事業の企画実施につき調査審議するものとする。

第三十条　市町村の設置する公民館にあつては、公民館運営審議会の委員は、当該市町村の教育委員会が委嘱する。
2　前項の公民館運営審議会の委員の委嘱の基準、定数及び任期その他当該公民館運営審議会に関し必要な事項は、当該市町村の条例で定める。この場合において、委員の委嘱の基準については、文部科学省令で定める基準を参酌するものとする。

第三十一条　法人の設置する公民館に公民館運営審議会を置く場合にあつては、その委員は、当該法人の役員をもつて充てるものとする。

（運営の状況に関する評価等）
第三十二条　公民館は、当該公民館の運営の状況について評価を行うとともに、その結果に基づき公民館の運営の改善を図るため必要な措置を講ずるよう努めなければならない。

（運営の状況に関する情報の提供）
第三十二条の二　公民館は、当該公民館の事業に関する地域住民その他の関係者の理解を深めるとともに、これらの者との連携及び協力の推進に資するため、当該公民館の運営の状況に関する情報を積極的に提供するよう努めなければならない。

（基金）

第三十三条　公民館を設置する市町村にあつては、公民館の維持運営のために、地方自治法（昭和二十二年法律第六十七号）第二百四十一条の基金を設けることができる。

（特別会計）

第三十四条　公民館を設置する市町村にあつては、公民館の維持運営のために、特別会計を設けることができる。

（公民館の補助）

第三十五条　国は、公民館を設置する市町村に対し、予算の範囲内において、公民館の施設、設備に要する経費その他必要な経費の一部を補助することができる。

２　前項の補助金の交付に関し必要な事項は、政令で定める。

第三十六条　削除

第三十七条　都道府県が地方自治法第二百三十二条の二の規定により、公民館の運営に要する経費を補助する場合において、文部科学大臣は、政令の定めるところにより、その補助金の額、補助の比率、補助の方法その他必要な事項につき報告を求めることができる。

第三十八条　国庫の補助を受けた市町村は、左に掲げる場合においては、その受けた補助金を国庫に返還しなければならない。

一　公民館がこの法律若しくはこの法律に基く命令又はこれらに基いてした処分に違反したとき。

二　公民館がその事業の全部若しくは一部を廃止し、又は第二十条に掲げる目的以外の用途に利用されるようになつたとき。

三　補助金交付の条件に違反したとき。

四　虚偽の方法で補助金の交付を受けたとき。

（法人の設置する公民館の指導）

第三十九条　文部科学大臣及び都道府県の教育委員会は、法人の設置する公民館の運営その他に関し、その求めに応じて、必要な指導及び助言を与えることができる。

（公民館の事業又は行為の停止）

第四十条　公民館が第二十三条の規定に違反する行為を行つたときは、市町村の設置する公民館にあつては市町村の教育委員会、法人の設置する公民館にあつては都道府県の教育委員会は、その事業又は行為の停止を命ずることができる。

2　前項の規定による法人の設置する公民館の事業又は行為の停止命令に関し必要な事項は、都道府県の条例で定めることができる。

（罰則）

第四十一条　前条第一項の規定による公民館の事業又は行為の停止命令に違反する行為をした者は、一年以下の懲役若しくは禁錮又は三万円以下の罰金に処する。

（公民館類似施設）

第四十二条　公民館に類似する施設は、何人もこれを設置することができる。

2　前項の施設の運営その他に関しては、第三十九条の規定を準用する。

第六章　学校施設の利用

（適用範囲）

第四十三条　社会教育のためにする国立学校（学校教育法第二条第二項に規定する国立学校をいう。以下同じ。）又は公立学校（同項に規定する公立学校をいう。以下同じ。）の施設の利用に関しては、この章の定めるところによる。

（学校施設の利用）

第四十四条　学校（国立学校又は公立学校をいう。以下この章において同じ。）の管理機関は、学校教育上支障がないと認める限り、その管理する学校の施設を社会教育のために利用に供するように努めなければならない。

2　前項において「学校の管理機関」とは、国立学校にあつては設置者である国立大学法人（国立大学法人法（平成十五年法律第百十二号）第二条第一項に規定する国立大学法人をいう。）の学長又は独立行政法人国立高等専門学校機構の理事長、公立学校のうち、大学にあつては設置者である地方公共団体の長又は公立大学法人（地方独立行政法人法（平成十五年法律第百十八号）第六十八条第一項に規定する公立大学法人をいう。以下この項及び第四十八条第一項において同じ。）の理事長、高等専門学校にあつては設置者である地方公共団体に設置されている教育委員会又は公立大学法人の理事長、大学及び高等専門学校以外の学校にあつては設置者である地方公共団体に設置されている教育委員会をいう。

（学校施設利用の許可）

第四十五条　社会教育のために学校の施設を利用しようとする者は、当該学校の管理機関の許可を受けなければならない。

2　前項の規定により、学校の管理機関が学校施設の利用を許可しようとするときは、あらかじめ、学校の長の意見を聞かなければならない。

第四十六条　国又は地方公共団体が社会教育のために、学校の施設を利用しようとするときは、前条の規定にかかわらず、当該学校の管理機関と協議するものとする。

第四十七条　第四十五条の規定による学校施設の利用が一時的である場合には、学校の管理機関は、同条第一項の許可に関する権限を学校の長に委任することができる。

2　前項の権限の委任その他学校施設の利用に関し必要な事項は、学校の管理機関が定める。

（社会教育の講座）

第四十八条　文部科学大臣は国立学校に対し、地方公共団体の長は当該地方公共団体が設置する大学又は当該地方公共団体が設立する公立大学法人が設置する大学若しくは高等専門学校に対し、地方公共団体に設置されている教育委員会は当該地方公共団体が設置する大学以外の公立学校に対し、その教育組織及び学校の施設の状況に応じ、文化講座、専門講座、夏期講座、社会学級講座等学校施設の利用による社会教育のための講座の開設を求めることができる。

2　文化講座は、成人の一般的教養に関し、専門講座は、成人の専門的学術知識に関し、夏期講座は、夏期休暇中、成人の一般的教養又は専門的学術知識に関し、それぞれ大学、高等専門学校又は高等学校において開設する。

3　社会学級講座は、成人の一般的教養に関し、小学校又は中学校において開設する。

4　第一項の規定する講座を担当する講師の報酬その他必要な経費は、予算の範囲内において、国又は地方公共団体が負担する。

第七章　通信教育

（適用範囲）

第四十九条　学校教育法第五十四条、第七十条第一項、第八十二条及び第八十四条の規定により行うものを除き、通信による教育に関しては、この章の定めるところによる。

（通信教育の定義）

第五十条　この法律において「通信教育」とは、通信の方法により一定の教育計画の下に、教材、補助教材等を受講者に送付し、これに基き、設問解答、添削指導、質疑応答等を行う教育をいう。

2　通信教育を行う者は、その計画実現のために、必要な指導者を置かなければならない。

（通信教育の認定）

第五十一条　文部科学大臣は、学校又は一般社団法人若しくは一般財団法人の行う通信教育で社会教育上奨励すべきものについて、通信教育の認定（以下「認定」という。）を与えることができる。

2　認定を受けようとする者は、文部科学大臣の定めるところにより、文部科学大臣に申請しなければならない。

3　文部科学大臣が、第一項の規定により、認定を与えようとするときは、あらかじめ、第十三条の政令で定める審議会等に諮問しなければならない。

（認定手数料）

第五十二条　文部科学大臣は、認定を申請する者から実費の範囲内において文部科学省令で定める額の手数料を徴収することができる。ただし、国立学校又は公立学校が行う通信教育に関しては、この限りでない。

第五十三条　削除

（郵便料金の特別取扱）

第五十四条　認定を受けた通信教育に要する郵便料金については、郵便法（昭和二十二年法律第百六十五号）の定めるところにより、特別の取扱を受けるものとする。

（通信教育の廃止）

第五十五条　認定を受けた通信教育を廃止しようとするとき、又はその条件を変更しようとするときは、文部科学大臣の定めるところにより、その許可を受けなければならない。

2　前項の許可に関しては、第五十一条第三項の規定を準用する。

（報告及び措置）

第五十六条　文部科学大臣は、認定を受けた者に対し、必要な報告を求め、又は必要な措置を命ずることができる。

（認定の取消）

第五十七条　認定を受けた者がこの法律若しくはこの法律に基く命令又はこれらに基いてした処分に違反したときは、文部科学大臣は、認定を取り消すことができる。

2　前項の認定の取消に関しては、第五十一条第三項の規定を準用する。

索　引

生涯学習、社会教育、社会教育計画については、定義や範囲を述べている頁のみを記した。

和文索引

さ行

な行

は行

ま行

や行

ら行

わ行

欧文索引

C

E

F

I

K

N

P

S

編者紹介と執筆分担（アイウエオ順）

浅井　経子（あさい　きょうこ）

第２章第８節、第７章第４節、第８章第２節担当

八洲学園大学教授。日本生涯教育学会会長・常任理事、中央教育審議会生涯学習分科会（臨時委員）副分科会長等を歴任。

主な著作：『生涯学習概論――生涯学習社会への道――（増補改訂版）』（編著）理想社、2013年：『改訂　社会教育法解説』（共著）日本青年館、2008年：『生涯学習コーディネーター研修』（共編著）一般財団法人社会通信教育協会、2009年：『新生涯学習コーディネーター新支援技法　研修』（共編著）同、2014年など。

合田　隆史（ごうだ　たかふみ）

第１章担当

尚絅学院大学学長。日本生涯教育学会生涯学習実践研究所所長。文化庁次長、文部科学省科学技術・学術政策局長、同生涯学習政策局長、国立教育政策研究所フェローを歴任。

主な著作：『大学の運営と展望』（共編著）玉川大学出版部、2010年：『学校の制度と機能』（共編著）玉川大学出版部、2010年：『大学財政の基礎知識３訂版』（共編著）ジアース教育新社、2009年など。

原　義彦（はら　よしひこ）

第３章第１節、第２節、第３節、第４節の２．担当

秋田大学教授、博士（学術）。日本生涯教育学会理事。文部科学省生涯学習調査官、中央教育審議会臨時委員（生涯学習分科会）等を歴任。

主な著作：『生涯学習社会と公民館――経営診断による公民館のエンパワーメント――』（単著）日本評論社、2015年：『生涯学習概論――生涯学習社会への道――（増補改訂版）』（分担執筆）理想社、2013年：『社会教育計画策定ハンドブック』（分担執筆）国立教育政策研究所社会教育実践研究センター、2012年など。

山本　恒夫（やまもと　つねお）

序、第９章第６節担当

（一財）社会通信教育協会顧問・筑波大学名誉教授、教育学博士。日本生涯教育学会常任顧問（元会長）。中央教育審議会委員（生涯学習分科会分科会長）、文科省独立行政法人評価委員会委員（社会教育分科会長）等を歴任。

主な著作：『時代を生き抜く心のマップ』社会通信教育協会（直販）、2012年：「生涯学習事象理論」、日本生涯教育学会編『生涯学習研究ｅ事典』（http://ejiten.javea.or.jp/）2013年：「事象と関係の理論」同事典、2013年など。

執筆者紹介と執筆分担（執筆順）

山本　裕一（やまもと　ゆういち）

第2章第1節、第9章第1節担当
独立行政法人国立青少年教育振興機構副理事、国立中央青少年交流の家所長
主な著作：『「総合的な学習の時間」のための学社連携・融合ハンドブック』（分担執筆）文憲堂、2001年：『よくわかる生涯学習』（分担執筆）ミネルヴァ書房、2014年：『生涯学習概論』（分担執筆）樹村房、2014年

佐久間　章（さくま　あきら）

第2章第2節、第8章第3節、第9章第4節担当
札幌国際大学教授
主な著作：『社会教育計画』（共著）文憲堂、2007年：『生涯学習［eソサエティ］ハンドブック』（分担執筆）文憲堂、2004年：『「総合的な学習の時間」のための学社連携・融合ハンドブック』（分担執筆）文憲堂、2001年：『Q&A　よくわかる社会教育行政の実務』（分担執筆）ぎょうせい、2009年：『生涯学習概論――生涯学習社会への道――（増補改訂版）』（分担執筆）理想社、2013年

船木　茂人（ふなき　しげひと）

第2章第3節担当
国立科学博物館事業推進部広報・運営戦略課長、八洲学園大学非常勤講師

水谷　修（みずたに　おさむ）

第2章第4節、第5章担当
東北学院大学教養学部長・教授
主な著作：『生涯学習概論――生涯学習社会への道――（増補改訂版）』（分担執筆）理想社、2013年：「被災地域における生涯学習振興」、『日本生涯教育学会年報　34』所収、2013年：『豊かな体験が青少年を支える』（共著）全日本社会教育連合会、2003年

清國　祐二（きよくに　ゆうじ）

第2章第5節、第6節、第6章第2節担当
香川大学生涯学習教育研究センター長・教授
主な著作：『社会教育計画の基礎』（分担執筆）学文社、2012年：『社会教育の核心』（共著）全日本社会教育連合会、2010年：『生涯学習概論』（分担執筆）ぎょうせい、2010年

伊藤　康志（いとう　やすし）

第2章第7節、第7章第3節担当

静岡大学学務部長、八洲学園大学非常勤講師
主な著作：『生涯学習［eソサエティ］ハンドブック』（共編著）文憲堂、2004年：『生涯学習概論——生涯学習社会への道——（増補改訂版）』（分担執筆）理想社、2013年

井上　昌幸（いのうえ　まさゆき）

第3章第4節1.、3.、第5節担当
栃木県教育委員会事務局生涯学習課課長補佐、八洲学園大学非常勤講師、高崎経済大学非常勤講師
主な著作：『生涯学習［自己点検・評価］ハンドブック』（分担執筆）文憲堂、2004年：『生涯学習支援の計画づくり』（共著）日常出版、2005年：『生涯学習概論——生涯学習社会への道——（増補改訂版）』（分担執筆）理想社、2013年

大島　まな（おおしま　まな）

第4章担当
九州女子大学人間科学部教授
主な著作：『現代教育の忘れ物』（分担執筆）学文社、：『社会教育の核心』（編著）財団法人全日本社会教育連合会 ：『未来の必要——生涯教育立国の条件——』（分担執筆）学文社：『明日の学童保育』（共著）日本地域社会研究所

白木　賢信（しらき　たかのぶ）

第6章第1節、第6節、第7章第2節担当
常葉大学教授
主な著作：『野外教育の理論と実践（野外教育入門シリーズ第1巻）』（分担執筆）杏林書院、2011年：『生涯学習概論——生涯学習社会への道——（増補改訂版）』（分担執筆）理想社、2013年

青山　鉄兵（あおやま　てっぺい）

第6章第3節、第4節担当
文教大学准教授
主な著作：『社会教育の学習論——社会教育がめざす人間像を考える——』（共編著）学文社、2016年：『社会教育の公共性論——社会教育の制度設計と評価を考える——』（分担執筆）学文社、2016年

松橋　義樹（まつはし　よしき）

第6章第5節、第9章第2節担当
独立行政法人国立青少年教育振興機構青少年教育研究センター研究員
主な著作：『生涯学習の基礎［新版］』（分担執筆）学文社、2011年

松永　由弥子（まつなが　ゆみこ）

第7章第1節担当

静岡産業大学准教授

主な著作：「地域による学校支援のあり方に関する研究――静岡県Ｆ市における住民調査より――」、『日本生涯教育学会論集　32』所収、2011年：『生涯学習概論――生涯学習社会への道――（増補改訂版）』（分担執筆）理想社、2013年

高橋　利行（たかはし　としゆき）

第８章第１節担当

宮崎大学准教授

主な著作：「生涯学習支援情報の活用における弱い紐帯の効果と導入に関する基礎的検討」、『日本生涯教育学会論集　27』所収、2006年：『社会教育計画』（共著）文憲堂、2007年：『生涯学習概論――生涯学習社会への道――（増補改訂版）』（分担執筆）理想社、2013年

波塚　章生（なみづか　あきお）

第９章第３節担当

文部科学省生涯学習政策局社会教育官兼国立教育政策研究所社会教育実践研究センター社会教育調査官

桑村　佐和子（くわむら　さわこ）

第９章第５節担当

金沢美術工芸大学教授

主な著作：『市町村における生涯学習援助システムの研究――構造と行動の関係解明――』風間書房、1996年：『生涯学習概論――生涯学習社会への道――（増補改訂版）』（分担執筆）理想社、2013年

地域をコーディネートする社会教育―新社会教育計画―

2015年3月31日　第1版第1刷発行
2017年9月30日　第1版第2刷発行

編著者　浅井経子
　　　　合田隆史
　　　　原　義彦
　　　　山本恒夫

発行者　宮本純男

〒270-2231 千葉県松戸市稔台2-58-2
発行所　株式会社 理想社
TEL　047(366)8003
FAX　047(360)7301

ISBN978-4-650-01200-2 C3037　　製作協力　モリモト印刷株式会社